Abhandlungen des kriminalistischen Instituts
an der Universität Berlin.
Herausgegeben von
Dr. Franz von Liszt, Professor der Rechte in Berlin und Dr. Ernst Delaquis, Professor der Rechte in Frankfurt a. M.
Dritte Folge. Erster Band. 4. Heft.

Arbeitslosigkeit und Kriminalität.

Eine kriminologische Untersuchung

von

Adolf Löwe.

Berlin 1914.
J. Guttentag, Verlagsbuchhandlung,
G. m. b. H.

Vorbemerkung.

Im Zusammenhange mit den Bestrebungen der neuesten Philosophie, die materialistisch-mechanistische Weltanschauung durch einen neuen Idealismus zu ersetzen, machen sich auch in der Kriminologie einige Stimmen bemerkbar, die die seither gewonnenen Anschauungen einer kritischen Prüfung unterziehen. Hier wie dort will es nicht mehr genügen, das Individuum als nichts anderes als den Schnittpunkt unendlich vieler, bei vollendeter Methode der Untersuchung deutlich erkennbarer Fäden anzusehen; man sucht nach einem neuen Ichpunkt, der unverrückbar stehen soll im Strome der Wandlungen, aus nichts heraus bestimmbar als aus sich selber.

Gibt man diese Bestrebungen als berechtigt zu, so mag es auf den ersten Blick fast als verspätet erscheinen, eine Untersuchung anzustellen über die Wirkung der Arbeitslosigkeit als eines kausalen Faktors für das kriminelle Verhalten der davon betroffenen Individuen. Sieht man jedoch näher zu, so wird die Bedeutung der kausalen Faktoren des Verbrechens nicht im geringsten in Frage gestellt durch diese Tendenz zum Rein-Individuellen im Individuum. Die Frage der Kriminologie konnte ja nie lauten: Gibt es Faktoren, auf die das Individuum kriminell reagieren muß? Richtig gestellt kann die Frage nur lauten: Gibt es Faktoren, die eine kriminelle Neigung des Individuums erwachen lassen oder begünstigen? Und diese Frage stellt sich durchaus nicht in Gegensatz zu der Frage nach einem unveränderlichen Individualitätspunkt. Im Gegenteil wird sich die unverwechselbare Individualität als solche erst recht erweisen können innerhalb des Gewebes unzähliger ihre Wirkung ausstrahlender Faktoren.

1*

Aus der Überzeugung heraus, daß trotz dieses eigentlich philosophischen Streites alle praktische Bedeutung der Kriminologie in der Erkenntnis immer neuer kausaler Faktoren des Verbrechens liegt, ist die folgende Untersuchung über den Zusammenhang von Arbeitslosigkeit und Kriminalität hervorgegangen.

Bedingt durch die Eigenart unserer agrarischen Verhältnisse beschränken sich die Darlegungen zunächst auf die Arbeitslosigkeit in der Industrie. In einem bestimmten Zusammenhange wird sich Gelegenheit finden, auf die besondere Lage des ländlichen Arbeiters einzugehen.

I.

Faßt man das Material ins Auge, das als Grundlage einer solchen Untersuchung dienen könnte, so findet man den musterhaften Mitteilungen unserer Kriminalstatistik ein Nichts an Erhebungen über die Arbeitslosigkeit gegenüberstehen. In dieser brennendsten Frage unserer Sozialpolitik sind bis heute noch nicht die Anfänge gemacht zu einer systematischen Erhebung des Tatsachenmaterials.

Ein einziges Mal, 1895, ist im Anschlusse an die Berufszählung eine umfassende Zählung der Arbeitslosen unternommen worden. Aber abgesehen davon, daß das Jahr der Zählung wenig Aufschluß darüber geben konnte, was eigentlich eine allgemeine Arbeitslosigkeit für ein Volk bedeute, weil nämlich 1895 als Anfangsjahr eines neuen wirtschaftlichen Aufschwunges besonders günstige Anstellungsverhältnisse hatte, so haben überhaupt die Zahlen für ein einziges Jahr keinen Wert für eine vergleichende Untersuchung. Allein interessant für solche Zwecke war damals die Erhebung über die Dauer der Arbeitslosigkeit des einzelnen Arbeiters. Es stellte sich heraus, daß langdauernde Arbeitslosigkeit bei weitem häufiger ist als kurze. Kriminell bedeutsam kann natürlich nur Arbeitslosigkeit werden, die von einiger Dauer ist, so daß sie wirklich die Lebensverhältnisse des einzelnen erschüttert. Wenn nun in dem guten Jahre 1895 nur etwa ein Achtel der Arbeitslosen weniger als 8 Tage arbeitslos waren, so darf man, ohne einen großen Fehler zu begehen, die

Gesamtzahl der Arbeitslosen als Grundlage nehmen für die kriminal-sozialen Untersuchungen.

Neben dieser einmaligen Zählung hat vor einigen Monaten die Reichsregierung anläßlich der Beratungen im Reichstag ein Tabellenwerk über die Arbeitslosigkeit herausgegeben. Dieses enthält aber keine neuen Erhebungen, sondern nur ein paar Gewerkschaftsberichte, die zumeist dem Reichs-Arbeitsblatt entnommen sind und nur bis 1904 zurückreichen. Damit ist eine weitere Quelle genannt, die in den privaten Veröffentlichungen der Arbeiterorganisationen liegt. Diese sind aber so sehr zersplittert und so wenig auf das Ganze hin gearbeitet, daß sie kein klares Bild ergeben.

Gute Zahlen liefern die in einigen Bundesstaaten eingerichteten Arbeitsvermittlungsstellen. Aber auch sie reichen nicht ins letzte Jahrhundert zurück.

Ein wertvoller Index des Beschäftigungsgrades sind die Berichte der Krankenkassen über Zu- und Abnahme ihrer Mitglieder; bei sehr vorsichtiger Benützung können auch die Zahlen der jährlich abgegebenen Versicherungsmarken dienlich sein.

Neben diesen indirekten Angaben liegen noch für einzelne Jahre und Gewerbe aus verschiedenen Gegenden Situationsberichte vor. Alles in allem ein Material, das manche bedeutsame Einzelheit enthält, das aber als Fundament allgemeiner Folgerungen unbrauchbar ist.

Die Situation wäre verzweifelt, wenn es nicht noch einen anderen, zunächst außerhalb der Statistik gelegenen Weg gäbe, die allgemeine Bewegung der Arbeitslosigkeit zu erfassen. Die industrielle Arbeitslosigkeit ist ja einerseits keine permanente Erscheinung unseres Wirtschaftslebens, sondern das spezifische Charakteristikum gewisser Wirtschaftsperioden, und andererseits in diesen Perioden keine unerklärliche Zufallserscheinung, sondern ein in seinen Ursachen unverhüllt daliegendes Phänomen. Es gibt allerdings, worauf am Schlusse noch kurz eingegangen werden soll, eine Art permanenter Arbeitslosigkeit. Für die folgenden Untersuchungen bedeutungsvoll ist aber jene andere Art, die wie ein soziales Unwetter über den Arbeiter hereinbricht und eben durch die Plötzlichkeit ihres Eintritts seine Lebensverhältnisse erschüttert. Diese Art, die man gewöhnlich meint, wenn man von Arbeitslosigkeit spricht, steht in unmittelbarem Zusammenhang mit den periodischen Schwankungen der wirtschaftlichen Konjunktur. Es ist ein halbes Jahrzehnt her, daß dieser Zusammenhang in der Krisis von 1908 und 1909 zum letzten Male in seiner äußersten Schärfe hervortrat. Und auch in der Gegenwart, wo die Zahl der Arbeitslosen wieder besonders groß ist, weisen die allseitigen Berichte über die flaue Geschäftslage auf die Ursache hin.

An diesen Zusammenhang soll im folgenden angeknüpft werden, aus den Höhepunkten und den schlimmen Jahren der wirtschaftlichen Entwicklung, die das Deutsche Reich in den letzten 30 Jahren genommen hat, soll ein Anhaltspunkt gewonnen werden für die Beurteilung der Anstellungsverhältnisse. Die vorhandenen Zahlen sollen • helfen, diesen Zusammenhang zu begründen. Auf diesem Wege wird es gelingen, den Gang der Arbeitslosigkeit im ganzen über Jahrzehnte hin zu verfolgen und deutlich abgegrenzte Perioden zu gewinnen, die einen Vergleich ermöglichen. Daneben aber wird es so auch möglich sein, eine für unsere Problemstellung sehr wichtige Erscheinung einzubegreifen, die sich aller statistischen Festlegung der Arbeitslosigkeit entzieht. Man könnte es die relative Arbeitslosigkeit nennen: zwar keine totale Beschäftigungslosigkeit, aber eine beträchtliche Verminderung der täglichen oder wöchentlichen Arbeitsstunden, durch die sich der Unternehmer über den flauen Geschäftsgang hinweghelfen will, und die für den Arbeiter eine starke Lohnverkürzung bedeutet. Äußerlich betrachtet, ist ein solcher Arbeiter nicht arbeitslos. Aber seine wirtschaftliche Lage unterscheidet sich doch nur dem Grade, nicht der Art nach von der Lage eines gänzlich Beschäftigungslosen.

* * *

Der Gang der wirtschaftlichen Entwicklung des Reiches seit den Tagen seiner Gründung bis heute stellt sich dar als ein Aufstieg zu immer größerer Blüte, der viermal durch Rückschläge unterbrochen wurde. Der erste fällt gleich in die Anfangsjahre des Reiches. Er ist der Erfolg der schlecht verwalteten französischen Milliarden, die bekannte Gründerkrisis, die sich von 1873 bis 1879 hinzog. Nachdem die achtziger Jahre wohl leichte Schwankungen nach oben und unten, im ganzen aber Beruhigung gebracht hatten, brach, in erster Linie eine Folge der Mac-Kinley-Bill, im Anfang der neunziger Jahre die zweite Krisis herein, die sich bis 1895 hinzog. Der gegen Ende des Jahrhunderts einsetzende große Aufschwung wurde 1901 durch eine bis 1903 dauernde Depression unterbrochen. Es folgte eine neue Hochkonjunktur, deren Rückgang sich Ende 1907 anzeigte. Die Jahre 1908 und 1909 brachten die letzte Krisis, von der wir uns erst jetzt langsam erholen.

Diese vier letzten europäischen Krisen unterscheiden sich von allen früheren durch eine viel weitere zeitliche Ausdehnung. War das Kennzeichen früherer Depressionen jäher Abfall mit rasch nachfolgender Erholung gewesen, so ziehen sich diese letzten Krisen alle durch mehrere Jahre hin, meist erst im zweiten Jahr den tiefsten Punkt erreichend, dann in eine Periode der Flauheit verlaufend als erstes Anzeichen einer Besserung. Das hier interessierende Moment, die Arbeitslosigkeit, erstreckt sich infolgedessen über einen längeren Zeitraum. Es ist daher ratsam, je zwei aufeinanderfolgende Jahre als Kern der einzelnen Krise zusammenzufassen, und man erhält als Perioden schlechtester Konjunktur in den letzten 30 Jahren die drei Gruppen: 1891—1892 1901—1902, 1908—1909. Die Krisis der siebziger Jahre muß aus formalen Gründen unberücksichtigt bleiben, da die entsprechenden Zahlen der Reichkriminalstatistik nicht vorhanden sind.

Es gilt nun zunächst, für die Behauptung, daß Krisenjahre Maxima der Arbeitslosigkeit sind, eine statistische Unterlage zu liefern.

Für die Jahre 1891—1892 ist eine solche schwer zu finden, da damals noch gar keine Nachforschungen angestellt wurden. Nur Schanz bringt in seinen in die neunziger Jahre fallenden Publikationen („Zur Frage der Arbeitslosenversicherung" und „Neue Beiträge") über Arbeitslosigkeit eine kurze Notiz, nach der die Arbeitslosenunterstützung der Gewerkschaften im Jahre 1891 für 32 000 Mitglieder 44 000 Mk. betrug, 1892 aber für 54 000 Mitglieder 315 000 Mk., um im folgenden Jahr bei 51 000 Mitgliedern auf 215 000 Mk. zu sinken.

Die Zahl der Armenunterstützung genießenden Bewohner Berlins stieg von 2,8 % im Jahre 1890 auf 4,5 % 1892 und 1893 und erreichte 1894 das Maximum von 5 %, um dann wieder zu sinken.

Leichter ist der Nachweis für die Krisis von 1901. Den Berichten der Krankenkassen nach (Tab. I) kamen auf 100 männliche Mitglieder im Jahre 1895, berechnet für sämtliche deutschen Städte, 1900: 119,0 Mitglieder, 1901: 119,8, 1902 aber nur noch 115,6. Dieser durchschnittliche Rückgang wurde noch übertroffen in Bayern und Rheinland-Westfalen. Nach dem Arbeitsnachweis in Preußen kamen 1900 auf 272 000 offene Stellen etwa 300 000 Angebote, 1902 aber auf 295 000 Stellen mehr als 500 000 Angebote.

Im Krisenjahre 1909 kamen in Preußen 1,1 Millionen Angebote auf noch nicht 700 000 Stellen, während im guten Jahre 1906 auf die gleiche Stellenzahl nur 3/4 Millionen Angebote eingingen. Während sich also 1906 offene Stellen und Arbeitsangebote beinahe entsprachen, kamen 1909 auf zwei Stellen drei Arbeitsuchende. Das gleiche Verhältnis ergibt sich für Sachsen. In Rheinland-Westfalen hatte sich 1909 die Stellenzahl um 17 % vermehrt gegen 1906, die Zahl der Arbeitsangebote aber um 50 %. Die Gewerkschaftsberichte (Tab. II) ergeben für die Krisenjahre 1908 und 1909 sogar zwei männliche Arbeiter auf eine offene Stelle. An Arbeitslosenunterstützung zahlten die Freien Gewerkschaften 1909 auf den Kopf 4,7 Mk. gegen 3,5 Mk. im Jahre 1907; die Hirsch-Dunckerschen 3,2 Mk. gegen 1,4 Mk. 1907.

Ein kurzer Auszug aus dem Arbeitsnachweis für Preußen während des ersten Jahrzehntes dieses Jahrhunderts (Tab. III ergibt für ganz Preußen einen übereinstimmenden Verlauf der Kurve der Arbeitslosigkeit: zu Beginn des Jahrhunderts während der Krisis eine starke Diskrepanz zwischen offenen Stellen und Arbeitsgesuchen, die sich gegen die Mitte des Jahrzehnts mit der

Tabelle I.

Mitgliederzahl der Krankenkassen, bezogen auf das Jahr 1895.

	15 Städte in Südwestdeutschland		5 Städte in Bayern		10 Städte in Sachsen		24 Städte in Rheinland-Westfalen		13 Städte östlich der Elbe		Sämtl. Städte einschl. Groß-Berlin	
	männl.	weibl.	männl.	weibl.	männl.	weibl.	männl.	weibl.	männl.	weibl.	männl.	weibl.
1895	100	100	100	100	100	100	100	100	100	100	100	100
1896	107,3	103,7	106,8	145,8	104,2	105,9	106,8	108,9	101,4	102,8	105,4	108,8
1897	111,6	105,0	118,2	154,8	111,8	108,9	113,6	112,4	103,8	102,8	110,8	113,9
1898	115,6	106,4	123,3	155,1	117,0	110,5	116,8	118,3	108,8	110,1	114,8	118,0
1899	121,5	111,3	124,5	169,3	121,1	112,9	121,8	122,3	111,0	114,0	118,6	123,5
1900	120,9	114,7	128,0	183,8	121,3	119,7	121,7	126,9	111,0	120,9	119,0	129,3
1901	121,2	116,4	124,3	178,1	121,2	123,4	120,9	128,1	110,1	124,5	119,8	132,6
1902	122,5	120,8	113,3	162,5	117,0	123,7	115,5	127,9	110,6	128,4	115,6	132,6

Tabelle II.

Verhältnis der gesuchten zu den offenen Stellen bei den an das Reichsarbeitsblatt berichtenden Arbeitsnachweisen.

Auf 100 offene Stellen kamen Arbeitsgesuche

im Monat	1907 männl.	1907 weibl.	1908 männl.	1908 weibl.	1909 männl.	1909 weibl.	1910 männl.	1910 weibl.	1911 männl.	1911 weibl.	1912 männl.	1912 weibl.	1913 männl.	1913 weibl.
Januar	160	78	217	87	318	96	254	98	196	90	192	100	191	98
Februar	157	69	220	77	293	89	229	90	210	81	178	88	190	91
März	120	65	172	76	231	81	182	84	157	76	145	84	168	87
April	113	73	175	83	181	85	166	86	143	79	150	92	160	96
Mai	118	72	181	91	188	90	183	91	144	82	153	97	166	100
Juni	122	78	173	88	194	95	165	88	146	85	146	101	168	101
Juli	128	82	178	95	202	98	162	93	141	89	140	97	174	103
August	122	78	190	93	181	94	154	87	142	90	146	92	178	101
September	118	76	182	91	168	91	145	87	133	92	141	92	160	99
Oktober	142	88	211	110	173	105	163	104	152	114	148	106	178	122
November	185	103	287	125	209	120	194	119	182	133	173	122		
Dezember	230	96	330	112	269	107	218	100	188	112	175	106		
Jahresdurchschnitt	143	80	210	94	217	96	185	94	161	94	157	99	173	100

steigenden Konjunktur immer mehr ausgleicht, um gegen Ende des Jahrzehnts mit der neuen Krisis wieder einzutreten.

Tabelle III.
Arbeitsnachweis für einzelne preuß. Regierungsbezirke.

	Berlin (Verw.-Bez.)		Reg.-Bez. Magdeburg		Reg.-Bez. Breslau		Reg.-Bez. Wiesbaden		Reg.-Bez. Düsseldorf		Preußen	
	offene Stellen	Arbeits-angeb.	offene Stellen	Arbeits-angeb.	offene Stellen	Arbeits-angeb.	offene Stellen	Arbeits-angeb.	offene Stellen	Arbeits-angeb.	offene Stellen	Arbeits-angeb.
1902	37 935	42 829	12 405	21 804	7 817	10 731	39 813	61 440	27 366	51 648	294 948	506 238
1903	60 691	60 301	12 921	16 254	10 746	11 734	44 411	71 633	47 019	78 951	382 711	545 622
1904	90 499	99 874	14 982	16 417	14 099	15 770	49 255	75 688	55 271	79 761	457 527	602 545
1905	128 249	137 021	22 482	22 551	17 844	19 077	56 141	79 950	62 166	78 434	571 067	698 232
1906	145 215	170 673	29 782	30 920	19 693	20 559	60 829	81 856	76 381	78 908	673 110	755 856
1907	127 312	169 943	32 655	37 333	19 952	23 039	61 920	76 152	96 228	100 392	684 378	806 199
1908	108 082	159 881	26 998	36 134	15 327	28 301	61 755	84 825	73 580	112 652	606 772	996 600
1909	124 226	163 376	30 330	41 145	15 454	18 809	68 712	106 376	90 922	133 721	687 924	1 102 771
1910	178 836	206 568	33 740	41 516	20 362	20 195	77 354	110 639	115 925	142 601	841 818	1 168 646

Diese Stichproben haben wohl den unleugbaren Zusammenhang zwischen Arbeitslosigkeit und Konjunkturschwankung klargestellt und die Berechtigung erwiesen, die Krisenjahre 1891, 1901 und 1909 als Maxima der Arbeitslosigkeit den folgenden kriminalstatistischen Betrachtungen zugrunde zu legen.

Wenn wir uns nun der Kriminalstatistik zuwenden, so liegen hier die Zahlen von 1882 an vor. Die folgenden Ziffern sind die Verhältniszahlen, auf 100 000 Personen der strafmündigen Zivilbevölkerung berechnet.

Das Jahr 1882 (Tab. IV) beginnt mit einer Gesamtzahl von 1046 wegen Verbrechens oder Vergehens Verurteilten. Die Zahl steigt allmählich, durch kleine Ausschläge nach oben oder unten unterbrochen, bis auf 1124 im Jahre 1891. Da ändert sich mit einem Schlage das Bild. Hatte es sich bisher bei den Schwankungen der Zahlen um Ausschläge von höchstens 30—40 gehandelt, so springt die Zahl der Verurteilten von 1124 im Jahre 1891 plötzlich auf 1202 im Jahre 1892, um in stetem Anstieg 1895 die Zahl 1249 zu erreichen. Hier bleibt sie nun stehen bis gegen Ende des Jahrhunders, nur im Jahre 1898 auf 1262 hinaufschnellend, im nächsten Jahre aber zurückfallend bis auf 1198 im Jahre 1900. Das Jahr 1901 bringt wieder einen Umschwung zum Schlimmen: 1256 Verurteilte gegenüber 1198 des Vorjahres.

1902 steigt die Zahl weiter bis auf 1279. Von 1903 an weist die Zahl deutlich eine Tendenz zum Sinken auf bis 1911, dem jüngsten Jahre der Statistik, von dem bis jetzt die genauen Angaben

Tabelle IV.

Verhältniszahlen der Verurteilten auf 100 000 Strafmündige der Zivilbevölkerung.

	Sämtl. Verbr. u. Vergehen	Geg. Staat, öff. Ordnung, Religion	Widerstand geg. Staatsgew.	Geg. öffentl. Ordnung	Münzverbr. u. -vergehen	Gegen die Person	Gegen Sittlichkeit	Gegen das Leben	Körperverletzung	Gegen das Vermögen	Diebstahl u. Unterschlag.	Raub u. Erpressung	Begünstigung u. Hehlerei	Betrug	Sachbeschädigung	Mord
1882	1046	163	41	112	0,81	338	20	3,8	179	534	371	3,0	30	39	36	0,48
1883	1034	162	40	113	0,73	352	20	3,9	189	515	357	2,8	28	40	35	0,48
1884	1080	175	42	124	0,90	391	20	4,1	216	509	347	2,9	27	43	39	0,43
1885	1062	175	42	123	0,69	396	21	4,0	225	487	324	2,5	26	43	40	0,39
1886	1080	185	44	133	0,60	410	23	4,0	232	480	317	2,6	24	45	39	0,44
1887	1081	189	45	135	0,61	418	23	4,0	236	469	303	2,6	24	47	40	0,40
1888	1048	184	40	135	0,59	403	22	3,7	229	456	296	2,5	23	48	37	0,29
1889	1087	185	41	135	0,57	410	21	4,1	235	487	321	2,6	24	54	38	0,32
1890	1105	185	42	134	0,50	429	22	3,9	248	487	316	2,7	24	55	40	0,39
1891	1124	178	42	127	0,59	431	23	3,9	251	511	331	2,7	25	59	40	0,25
1892	1202	189	44	136	0,68	450	25	4,4	262	559	363	3,2	29	64	42	0,41
1893	1212	206	47	149	0,61	485	26	4,0	284	517	321	2,7	25	64	45	0,32
1894	1244	213	50	153	0,61	508	28	4,1	299	519	318	3,0	25	64	47	0,31
1895	1249	219	49	160	0,81	517	29	4,1	306	509	308	3,0	23	67	45	0,31
1896	1244	223	50	164	0,64	530	29	4,1	317	487	298	2,9	22	64	48	0,29
1897	1246	222	50	164	0,45	526	27	4,2	317	494	303	2,7	21	67	47	0,27
1898	1262	217	47	162	0,54	537	29	3,9	323	504	309	3,0	22	70	48	0,28
1899	1240	211	50	154	0,55	538	28	4,0	328	488	294	2,9	21	69	49	0,20
1900	1198	197	46	144	0,47	518	29	4,0	317	480	293	2,6	21	66	47	0,23
1901	1256	210	48	155	0,46	539	32	4,0	330	504	309	2,8	22	71	48	0,21
1902	1279	215	47	161	0,46	539	33	4,2	325	522	315	3,4	23	78	49	0,26
1903	1240	213	45	161	0,46	522	33	4,1	313	502	301	2,9	21	75	48	0,21
1904	1247	224	47	171	0,48	531	33	4,2	317	489	293	3,0	20	73	47	0,23
1905	1234	224	47	172	0,49	520	32	3,9	312	487	293	3,0	20	72	48	0,22
1906	1252	226	48	173	0,37	523	32	4,1	310	500	303	3,0	20	72	48	0,22
1907	1230	221	47	169	0,38	504	31	4,2	296	502	305	2,8	21	72	46	0,19
1908	1249	216	46	166	0,42	499	31	4,5	296	532	328	3,2	22	73	45	0,18
1909	1219	209	45	160	0,57	477	31	4,7	279	530	323	3,2	23	75	44	0,21
1910	1202	210	43	163	0,51	466	31	4,7	270	524	316	3,1	22	78	43	0,20
1911	1198	214	42	168	0,44	460	33	4,8	261	522	305	3,3	21	81	41	0,20

veröffentlicht sind. Der Abfall der Kurve wird zweimal unterbrochen durch einen Sprung 1906 auf 1252 und 1908 auf 1249.

Was hat sich ergeben? Fünf Perioden in den 30 Jahren, die die Statistik umfaßt, weisen eine deutliche Steigerung auf: 1892—1895, 1898, 1901—1902, 1906 und 1908. Ein Einwand muß hier vorweg genommen werden: Maßgebend für diese Untersuchungen ist nur das Steigen und Fallen der Zahlen im Vergleiche der einzelnen Jahre untereinander, nicht die absolute Höhe der einzelnen Zahlen. Daß die Kriminalität in dem guten Jahre 1900 mit 1198 absolut genommen fast genau so hoch ist wie die des schlechten Jahres 1892 mit 1202, ist in diesem Zusammenhange ohne Bedeutung. In der um alle relativen Schwankungen unbekümmerten, allmählichen Steigerung der absoluten Zahlen der Kriminalität bis zum Jahre 1902 und der seitdem vorhandenen Tendenz zur Abnahme kommt ein viel umfassenderes Moment zum Ausdruck als das hier in Frage stehende. Ich möchte es nennen: die gewaltige Umwälzung unseres ganzen sozialen Lebens und unsere langsame Gewöhnung an die geänderten Verhältnisse. Was hier aber untersucht werden soll, das sind die Wirkungen des Auf und Ab der Konjunktur, das sich auf der Basis dieser großen Umwälzung abspielt, das aber mit all seinen Launen den Gang dieser großen Entwicklung nicht stören kann. Diese Schwankungen der Konjunktur können nur in dem relativen Steigen und Fallen der Kriminalitätszahlen im Vergleiche miteinander zum Ausdruck kommen, in den Wellenbergen und Wellentälern, die sich auf dem Boden jener allgemeinen Tendenz zu absolutem Steigen oder Fallen formen, von ihr nicht beeinflußt, noch sie beeinflussend.

Vergleicht man nun diese relativen Schwankungen der Konjunktur einerseits, der Kriminalität andererseits miteinander, so fällt tatsächlich in die drei ungünstigen Wirtschaftsperioden 1891—1892, 1901—1902, 1908—1909 jedesmal auch eine starke Zunahme der Kriminalität. Die drei Krisenperioden entsprechen drei der Perioden mit Höchstzahlen von Verurteilten. Obwohl die volle Bedeutung erst bei den Detailuntersuchungen zutage tritt, muß schon hier bemerkt werden, daß für Vergleiche zwischen Wirtschaftslage und Kriminalität nicht kurzweg dieselben Jahre einander gegenübergestellt werden dürfen, sondern daß für ein wirtschaftliches Ereignis des einen Jahres meist auch das folgende Jahr der Kriminalstatistik heranzuziehen ist. Zum Teile wirken gewisse Einflüsse erst oder noch im folgenden Jahr, vor allem aber kommt die Mehrzahl der in einem Jahr begangenen Delikte erst im nächsten Jahre zur Aburteilung und rangiert dann in der Statistik dieses Jahres der Aburteilung. So erklärt es sich, daß die Zunahme der Verurteilten noch im Jahre 1895 andauert, obwohl dieses Jahr der Anfang zu einem neuen wirtschaftlichen Aufstieg war.

Neben diesen Maxima der Kriminalität, die zusammenfallen mit den Tiefständen des Wirtschaftslebens, ergaben sich noch zwei besonders hohe Zahlen für die Jahre 1898 und 1906, deren Ursache offenbar in einem anderen Faktor gesucht werden muß, da diese Jahre gerade die Höhepunkte zweier glänzender Konjunkturen waren. Ihre Erklärung soll einstweilen zurückgestellt werden.

Hat sich so eine allgemeine Beziehung zwischen Wirtschaftslage und Kriminalität ergeben, so soll nun zunächst untersucht werden, wie die einzelnen Deliktsarten sich den Schwankungen der Konjunktur gegenüber verhalten. Es liegt die Vermutung nahe, daß auf die Schwankungen der wirtschaftlichen Konjunktur besonders empfindlich die Vermögensdelikte reagieren.

Nach einem kontinuierlichen Sinken der Vermögensdelikte (Tab. IV) von 534 im Jahre 1882 bis auf 487 im Jahre 1890 (der Anstieg im Jahre 1888 gegenüber 1889 findet unten seine Berücksichtigung) erfolgt 1891 ein Umschlag, der 1892 mit 559 den höchsten Punkt der Statistik erreicht und erst 1896 wieder auf das Normalniveau von 1890 herabgesunken ist. Dieser Stand wird bis 1900 eingehalten, abgesehen von einem Anstieg wieder 1898. 1901 setzt eine Zunahme ein bis 1903, dann folgt wieder Normalstand, 1906 ein Ausschlag nach oben, der in den Krisenjahren 1908 und 1909 eine beträchtliche Höhe erreicht, die sich 1911 noch nicht reduziert hatte auf den Normalstand.

Von den einzelnen Vermögensdelikten schließen sich dieser allgemeinen Kurve ganz genau an: Diebstahl und Unterschlagung, Begünstigung und Hehlerei, auch Raub und Erpressung. Der

Betrug, der zwar im Zusammenhang mit dem Wirtschaftsleben steht, aber kein naives Notdelikt ist, deutet die Krisenperioden mehr nur noch an, während die Sachbeschädigung, ein Übermuts- und Rachedelikt, ganz unbeeinflußt bleibt. Einen deutlichen Zusammenhang weisen dagegen die beiden Arten des Bankrotts auf, als Folge der Arbeitslosigkeit in den oberen Klassen während der Krisis.

Die Delikte gegen die Person weisen auf die Krisis von 1891 und 1901 durch starke Zunahme hin, sowohl Körperverletzung als Verbrechen gegen die Sittlichkeit. Von den guten Jahren der Wirtschaft zeigen sie sich dagegen nicht beeinflußt (Tab. IV). Dasselbe gilt von den Vergehen gegen Staat und öffentliche Ordnung. Alle diese Gewaltdelikte entnehmen nicht wie die Vermögensdelikte ihr Gesetz der wirtschaftlichen Konjunktur, deren sämtliche Schwankungen mitmachend. Die Gewaltdelikte folgen jener oben besprochenen tiefer liegenden Entwicklung unseres sozialen Lebens, die unbekümmert um alle relativen Schwankungen im Verlaufe der letzten vier Jahrzehnte die Beziehungen der einzelnen zueinander aufs stärkste intensiviert hat. Die immer weiter fortschreitende Industrialisierung, die immer neue Berührungspunkte und damit Reibungsflächen schuf, ist hier die Hauptursache der Zunahme. Die Statistik gibt davon deutlichstes Zeugnis, indem die Zahl der Delikte gegen die Person von 338 im Jahre 1882 auf 539 im Jahre 1902 gestiegen war. Krisenjahre vergrößern nun die Reibungsflächen noch, sie machen den Kampf ums Dasein noch erbitterter. Und so ist es nicht verwunderlich, daß die Krisen die an sich schon bestehende Tendenz der Gewaltdelikte zur Zunahme verstärken. Daß es sich aber hier mehr um einen äußerlichen Zusammenhang handelt, nicht um ein inneres Gesetz wie bei den Vermögensdelikten, das beweist der Umstand, daß die jüngste Krisis 1908 keine Zunahme der Gewaltdelikte gebracht hat. Die große Wendung zur Abnahme, die die Kriminalität, soweit man das heute schon sagen kann, mit dem Beginne dieses Jahrhunderts genommen hat, in der, wie oben gesagt wurde, die allmähliche Gewöhnung des Volkes an seine veränderten Verhältnisse zum Ausdruck kommt, hat naturgemäß in erster Linie auf die Gewaltdelikte eingewirkt. Sie nehmen seit 1903 langsam, aber stetig ab. Wenn die Reibungsmöglichkeiten, die die veränderte Struktur unseres sozialen Lebens mit sich brachte, langsam ihre schlimme Wirkung verlieren, so ist es leicht begreiflich, daß auch die Krisen, die auf die Gewaltdelikte nur als Erzeuger großer Reibungsflächen wirkten, keinen Einfluß mehr auf die Ziffer dieser Delikte gewinnen. Nicht zuletzt machte sich hier der wohltätige Einfluß der Gewerkschaften geltend, die sich ja eben in den entscheidenden Jahren zu ihrer gewaltigen Organisation entwickelt haben. Den noch nicht 700 000 Mitgliedern von 1901 stehen heute fast 3 Millionen gegenüber. Ganz abgesehen davon, daß die Kassen der Gewerkschaften das allerschlimmste Elend, das diesen Gewaltdelikten den Charakter von Notdelikten geben könnte, lindern, so scheint die straffe Organisation die ganze Haltung der Arbeiter auch während der Zeit der Arbeitslosigkeit aufs günstigste zu beeinflussen.

Ein Gewaltdelikt schließt sich übrigens bis in die jüngste Zeit genau der Kurve der Konjunktur an, obwohl es sich nur um ganz kleine Zahlen handelt und eine deutliche Tendenz zur Abnahme vorhanden ist. Es ist der Mord, der damit die tiefe Beziehung verrät, die er als Raubmord zu den Vermögensdelikten hat.

Nachdem sich so die Vermögensdelikte als die auf die Konjunktur am empfindsamsten reagierenden Delikte erwiesen haben, die ihr eigentliches Gesetz dem Auf und Ab der wirtschaftlichen Lage zu entnehmen scheinen, soll für alle weiteren Untersuchungen der Diebstahl zugrunde gelegt werden als wichtigstes Vermögensdelikt, das die größten, daher empfindlichsten Zahlen liefert. Und zwar soll im Zweifel der einfache Diebstahl zugrunde gelegt werden, auch wieder, weil er unter den Diebstahlsdelikten die größten Zahlen liefert, zugleich aber auch, weil er in seinen Schwankungen innerhalb des Jahres am besten übereinstimmt mit den Schwankungen der Arbeitslosigkeit. Nach einer im Jahre 1894 angestellten Untersuchung hat der einfache Diebstahl sein Maximum im Dezember und Januar, sein Minimum im April und Mai. Es sind dies genau die Monate, für die sich nach den Gewerkschaftsberichten entsprechend das Maximum und Minimum der Arbeitslosigkeit ergibt.

* * *

Im folgenden sollen nun die Einwirkungen der wirtschaftlichen Lage auf die Kriminalität nach Geschlecht, Familienstand, Alter, Beruf und Örtlichkeit untersucht werden.

Tabelle V.

Wegen Diebstahls Verurteilte nach Geschlecht und Familienstand.

	Unter 100000 Verurteilten d. gleichen Geschlechts waren wegen Diebstahls verurteilt		Auf 100000 männl. Verurteilte wegen Diebstahls weibliche	Ledige (absolute Zahlen)		Verheiratete (absolute Zahlen)	
	männliche	weibliche		21—40 J.	40—60 J.	21—40 J.	40—60 J.
1882	21 981	37 456	4213				
1883	21 260	37 334	4420				
1884	19 537	35 259	4395				
1885	18 349	33 968	4306				
1886	17 759	32 812	4184				
1887	16 841	30 907	4126				
1888	16 923	31 945	4395	17 603	4025	16 761	9 476
1889	17 607	33 054	4400	18 622	4397	18 683	10 581
1890	16 840	31 645	4286	18 344	4406	17 361	9 958
1891	17 271	32 823	4341	19 438	4542	19 077	10 969
1892	17 747	32 527	4202	20 862	4992	21 590	12 210
1893	14 984	28 745	4223	18 965	4340	18 241	10 153
1894	14 318	27 038	4053	19 135	4204	17 123	9 557
1895	13 742	26 476	4128	19 026	4117	16 825	9 228
1896	13 209	25 922	4008	18 637	4111	16 287	8 681
1897	13 444	26 503	4062	19 316	3905	16 762	8 986
1898	13 480	26 608	4013	19 951	4030	17 364	9 247
1899	12 913	25 419	3794	19 460	3704	16 339	8 690
1900	13 518	26 209	3682	19 906	3762	16 899	8 947
1901	13 477	26 289	3729	21 430	3982	18 704	9 938
1902	13 348	25 460	3700	21 614	4160	19 227	9 851
1903	13 067	25 169	3766	20 830	3942	18 797	9 545
1904	12 611	24 001	3676	20 612	3843	18 151	9 492
1905	12 677	24 022	3591	21 460	3949	17 105	9 284
1906	12 898	23 501	3410	21 285	4000	17 622	8 999
1907	13 285	23 467	3277	21 772	3973	18 332	9 220
1908	13 791	24 288	3320	24 004	4351	19 999	10 241
1909	13 540	23 506	3308	24 640	4255	20 108	10 222
1910	13 302	23 028	3334	24 854	4800	18 929	9 027
1911				24 456	4148	17 943	8 811

Was das Geschlecht anbelangt, so ergibt die Übersicht in Tabelle V, daß die Zahlen beider Geschlechter deutlich beeinflußt werden durch die Krisenjahre. Aber diese Übersicht zeigt auch, daß die Schwankungen der Zahlen für Frauen weniger groß sind als für Männer, besonders wenn man in Betracht zieht, daß der Diebstahl ein spezifisch weibliches Delikt ist. Vor 25 Jahren war noch $^1/_3$ sämtlicher weiblicher Verurteilter wegen Diebstahls verurteilt gegenüber $^1/_6$ bei den Männern; noch 1910 waren es 23 % gegenüber 13 % der männlichen Verurteilten. Für die frühere Zeit können diese geringeren Schwankungen damit erklärt werden, daß die Frauen direkt wenig unter den Krisen litten, da sie nur wenig außerhalb des Hauses beschäftigt waren und also nur durch die Arbeitslosigkeit des Mannes mitbetroffen wurden. Das hat sich aber längst geändert. Wenn auch die Hauptzunahme der weiblichen Erwerbstätigen der Landwirtschaft zugute kam, so war doch die Zunahme der Frauen in der Industrie von 1895 bis 1907 um 3 % größer als die Zunahme der Männer, im Handel sogar um 16 %. Nun zeigen sich die Zahlen der weiblichen Verurteilten aber gerade durch die letzte Krisis am wenigsten beeinflußt, indem sie gegenüber den guten Vorjahren eine Zunahme von nur 3 % % aufweisen, während die Zunahme bei den Männern 7 % betrug. Trotz aller Zunahme der Frauenarbeit ist der Anteil der Frauen an der Gesamtsumme der jährlichen Diebstähle seit 1890 stetig, und zwar erheblich zurückgegangen, und die Wirkung der Krisenjahre beschränkt sich eigentlich darauf, diesen Rückgang für kurze Zeit zu hemmen, ohne eine Steigerung hervorzurufen.

Ein Blick in die Zahlen der weiblichen Arbeitslosigkeit in den Krisenjahren bringt Aufklärung. Nach den Krankenkassenberichten für sämtliche deutschen Städte ging die Zahl der männlichen Mitglieder, wie oben schon berichtet, von 119,8 im Jahre 1901 zurück auf 115,6 im Jahre 1902. Die Zahl der weiblichen Mitglieder blieb in beiden Jahren unverändert stehen auf 132,6. In Rheinland-Westfalen, wo die Krisis besonders schlimm hauste, ging die Zahl der Männer zurück von 120,9 auf 115,5, die der Frauen nur von 128,1 auf 127,9. Ende 1908, in den schlimmsten Monaten, kamen auf 100 offene Stellen für

Männer rund 300 Gesuche, für Frauen 125 Gesuche (Tab. II). Der Arbeitsnachweis für Sachsen gibt an, daß 1908 und 1909 durchschnittlich auf zwei offene Stellen drei Männer kamen, während die für Arbeiterinnen offenen Stellen nicht einmal voll besetzt waren.

Eine Erklärung dieser auffallenden Erscheinung gibt Wilbrandt in seinem Buch „Die Frauenarbeit, ein Problem des Kapitalismus": Frauenarbeit ist nie mehr gesucht als in Krisenjahren. Ganz stillstehen lassen kann und will der Unternehmer seinen Betrieb nicht. Er arbeitet weiter mit vermindertem Personal, verkürzter Arbeitszeit und womöglich mit verkürztem Lohne. Diesen letzteren Zweck erreicht er am mühelosesten, wenn er Arbeitskräfte einstellt, die von vornherein billiger bezahlt werden, d. h. Frauen. Die Frau wird damit in den Krisenjahren die gefährlichste Konkurrentin des Mannes, indem sie ihn auch noch aus den Betrieben verjagt, die nicht schließen, soweit die Arbeitsmethode dies irgend erlaubt. Dies erklärt nun aber die auffällige Erscheinung, daß das Anwachsen der weiblichen Diebstähle in den Krisenjahren in gar keinem Verhältnis steht zu der gewaltigen Zunahme der Frauenarbeit; das tatsächlich vorhandene Anwachsen muß auch für die Gegenwart auf das Konto der verheirateten Frauen gesetzt werden, die durch die Arbeitslosigkeit des Mannes mit ihrer Familie in Not geraten. Wie der in Krisenzeiten vorhandene Prozentsatz arbeitsloser lediger Frauen wirkt, wird sich unten aus Tab. VIII ergeben.

Daß es gerade die Verheirateten sind, die durch die Krisenjahre besonders schwer getroffen werden, das beweist eine Übersicht über den Familienstand der wegen Diebstahls Verurteilten (Tab. V).

Hiernach haben die ledigen Diebe im Alter von 21 bis 40 Jahren von 1888 bis 1911 um nicht ganz 40 % absolut zugenommen, was etwa der Bevölkerungszunahme entspricht. Die ledigen Diebe zwischen 40 und 60 Jahren sind mit Schwankungen der absoluten Zahl nach ziemlich gleich geblieben, relativ also zurückgegangen. Die verheirateten Diebe zwischen 21 und 40 Jahren haben absolut um 7 % zugenommen, relativ also abgenommen. Die verheirateten Diebe zwischen 40 und 60 Jahren haben absolut um 7 % abgenommen, relativ also am stärksten abgenommen.

Zeigt so die Kurve der verheirateten Diebe eine starke Tendenz zur Abnahme, so erscheint es um so krasser, wenn im Krisenjahre 1892 plötzlich eine absolute Zunahme erfolgt um 25 % gegenüber den guten Vorjahren, während die Zahl der ledigen Diebe trotz ihrer an sich steigenden Tendenz nur um 14 % zunahm. 1902 Zunahme bei den Verheirateten um 12 %, bei den Ledigen um 9 %. 1909 überwiegt zwar die Zunahme der Ledigen um 1 %, was sich aber sofort umkehrt, wenn man die verschiedene Tendenz der beiden Kurven berücksichtigt. Ich wüßte nichts, was die übermächtige Gewalt des Verhängnisses „Arbeitslosigkeit" greller beleuchtete als diese Zahlen, die erweisen, daß gerade die ruhigsten und solidesten Kreise der Bevölkerung den kriminellen Gefahren der Krisis am meisten erliegen.

Aus der gleichen Übersicht ist die Wirkung der Arbeitslosigkeit auf die Altersklassen zu ersehen. Wie zu erwarten, übersteigt die Zunahme der Ledigen unter 40 Jahren die Zunahme der älteren Ledigen, und zwar 1902 um 4 % und 1909 um 6 %. Dagegen ist bei den Verheirateten der beiden Altersklassen kein merklicher Unterschied zu konstatieren, was ein weiterer Beweis dafür ist, daß bei diesem Teile der Bevölkerung nicht leichtsinnige Neigung oder Unreife, sondern äußere Not die Zunahme der Diebstähle bewirkt.

Wenden wir uns nun einer anderen Seite des sozialen Körpers zu, die fast immer besonders empfindlich reagiert auf schädliche Einflüsse: die jugendliche Bevölkerung (Tab. VI).

Die Kriminalität der Jugendlichen ist so ziemlich das unerfreulichste Blatt unserer Kriminalstatistik. Es ist hier von 1882 bis 1906 eine relative Zunahme der Verurteilten überhaupt um 35 % zu verzeichnen. Seit 1906 beginnt die Ziffer langsam zu fallen, aber auch die Zahl von 1911 stand noch um 24 % über der Zahl von 1882. Die relative Zahl der jugendlichen Diebe blieb dagegen von 1882 bis 1911 unverändert, sie hat weder die große Steigerung bis 1906 mitgemacht, noch die Besserung

2*

Tabelle VI.

Verurteilte Jugendliche auf 100000 Strafmündige der jugendlichen Zivilbevölkerung.

	Verbrechen und Vergehen überhaupt	Vorbestrafte Jugendliche	Diebstahl	Hehlerei	Gemeingefährliche Delikte
1882	568		344	16	7
1883	549		327	15	6
1884	578		332	15	6
1885	560		310	15	7
1886	565		310	14	6
1887	576		311	16	8
1888	563		309	16	6
1889	614	94	341	18	5
1890	663	107	361	19	7
1891	672	113	362	20	7
1892	729	126	397	22	11
1893	686	119	343	20	10
1894	716	133	360	20	7
1895	702	131	346	19	6
1896	702	132	340	19	7
1897	702	131	349	19	7
1898	744	139	367	21	8
1899	733	138	349	20	10
1900	745	138	361	21	10
1901	739	135	354	19	8
1902	740	130	356	21	8
1903	726	124	350	19	8
1904	715	121	343	18	9
1905	733	125	360	19	8
1906	764	126	379	20	9
1907	728	129	363	20	9
1908	727	123	379	21	8
1909	652	115	342	18	9
1910	668	106	356	20	5
1911	689	97	333	18	8

seither. Dreimal nur wurde der gleichmäßige Verlauf unterbrochen durch jähe Steigerung: 1889 bis 1892, 1898 bis 1902, 1906 bis 1908. Es sind dies drei Perioden, die unsere Krisenjahre umfassen, außerdem aber noch jene Jahre 1889, 1898 und 1906, die wir trotz Hochkonjunktur eine Vermehrung der Kriminalität schon oben wiederholt bewirken sahen. Und zwar erweisen sich bei näherer Untersuchung nicht eigentlich die Krisenjahre als die entscheidenden. Sie scheinen vielmehr nur eine Besserung des schon vorher vorhandenen hohen Standes der Kriminalität zu verhindern. Dies geht besonders aus den Ziffern für die vorbestraften Jugendlichen hervor. Hier rührt die Steigerung zweifellos von den den Krisen vorausgehenden Jahren her, wenn sie sich auch im weiteren Verlaufe über die Krisenjahre selbst hin erstreckt. Und dabei ist die Statistik der Vorbestraften, wie sofort gezeigt werden soll, im übrigen ein besonders empfindlicher Zeiger für alle wirtschaftlichen Schwankungen. Der in jenen Jahren der Hochkonjunktur wirksame Faktor, dessen Untersuchung auch diesmal noch ausgesetzt werden soll, scheint somit in erster Linie auf die Kriminalität der Jugendlichen einzuwirken.

Was nun die Vorbestraften aus allen Altersklassen anbelangt (Tab. VII), so zeigen sie im Diebstahl 1892 eine Zunahme um 18 % gegenüber den guten Vorjahren, die dreimal oder mehr Vorbestraften eine Zunahme um 23 %, während die durchschnittliche Zunahme für sämtliche Verurteilte nur 14 % war. Die entsprechenden Zunahmen für 1902 sind: Durchschnitt 8 %, Vorbestrafte 11 %, dreimal oder mehr Vorbestrafte 14 %. 1909 sind die Zahlen: 8 %, 14 %, 17 %. Also je mehr Vorstrafen, desto empfindlicher die Reaktion. Die Vorbestraften stehen in den Krisenjahren besonders hoch in Diebstahl und Unterschlagung, Begünstigung und Hehlerei, Raub und Erpressung, Bankrott, Widerstand gegen die Staatsgewalt und Verbrechen gegen die öffentliche Ordnung, die mehrmals Vorbestraften auch noch in Körperverletzung. Es ist bezeichnend, daß hier wieder die Gewaltdelikte auftreten, je mehr Vorstrafen, d. h. um so ungezügeltere Elemente in Betracht kommen.

Vor Untersuchung des letzten personalen Unterscheidungsmoments, der Gliederung nach Berufen, sollen an dieser Stelle ein paar Notizen eingeschoben werden über den Zusammenhang der Arbeitslosigkeit mit den Übertretungen (Tab. VIII). Da die Übertretungen nicht in die Reichskriminalstatistik auf-

Tabelle VII.
Verurteilte Vorbestrafte auf 100000 Strafmündige der Zivilbevölkerung.

	Vorbestrafte überhaupt		3 mal oder mehr Vorbestrafte	
	Diebstahl und Unterschlagung	Begünstigung und Hehlerei	Diebstahl und Unterschlagung	Begünstigung und Hehlerei
1882	124	7,0	48	2,1
1883	121	6,8	45	2,1
1884	120	7,0	45	2,2
1885	116	6,8	45	2,3
1886	115	6,8	47	2,4
1887.	114	6,6	46	2,3
1888	109	6,5	45	2,2
1889	123	7,2	50	2,4
1890	125	7,4	51	2,6
1891	133	7,6	54	2,7
1892	148	9,2	61	3,3
1893	136	8,6	58	3,2
1894	139	8,8	60	3,3
1895	137	8,7	60	3,4
1896	135	8,4	61	3,4
1897	137	8,0	61	3,2
1898	142	8,6	64	3,5
1899	136	8,3	62	3,3
1900	136	8,0	63	3,3
1901	147	8,7	69	3,7
1902	150	9,2	72	4,0
1903	146	9,1	70	4,0
1904	142	8,3	70	3,7
1905	142	8,4	70	3,8
1906	145	8,6	72	4,0
1907	148	9,1	74	4,2
1908	164	9,8	82	4,7
1909	165	10,6	85	5,2
1910	159	10,0	83	4,9
1911	153	9,8	81	5,1

genommen sind, ist man auf die Mitteilungen der einzelnen Bundesstaaten angewiesen. Der von vornherein zu vermutende Zusammenhang zwischen Krisenjahren und Bestrafungen wegen

Bettels und Landstreichens bestätigt sich durchweg. Gegenüber 1900 weist Bayern 1902 eine absolute Zunahme der Bestrafungen um 18 % auf, Baden um nicht weniger als 64 %, Hessen um 57 %, Berlin um 52 %. 1908 bis 1909 war die Zunahme für Bayern gegen 1907 20 %, für Baden 35 %, Berlin 30 %. Wie günstig andererseits auch in mittleren Jahren Maßregeln gegen die Arbeitslosigkeit auf die Bestrafungen wegen Bettels und Landstreichens einwirken, beweist folgende Zahl aus dem Jahre 1911: Nach Errichtung von Wanderarbeitsstätten in Hannover ging die Zahl der Bestraften um 42 % zurück.

Tabelle VIII.

Übertretungen (absolute Zahlen der Verurteilten).

	Bayern	Baden		Hessen	Berlin (in Polizeigewahrsam gebracht)	
	Betteln und Landstreichen	Betteln	Übertretung der sittenpolizeilichen Vorschriften	Betteln und Landstreichen	Betteln	Unsittlichkeit
1893		4383	5870	2747	9510	13 407
1894		4234	5494	2746	9455	16 120
1895	52 597	3947	4949	2583	7578	16 134
1896	49 156	3822	4954	2244	8482	18 948
1897	48 160	3536	4707	1968	8980	15 996
1898	47 730	3214	4002	1658	7163	11 771
1899	42 370	2684	4003	1265	6097	11 654
1900	39 300	2504	3769	1442	6441	11 582
1901	44 438	3625	4070	2002	8878	10 323
1902	46 387	4116		2236	9843	8 195
1903	45 831	3928	3506		9330	8 283
1904	41 399	3409	3533		8588	5 492
1905	42 867	2946	3804		7250	4 502
1906	40 442	2798	3488		7084	5 927
1907	35 473	3064	3915			
1908	42 795	3723	4043		8433	7 843
1909	40 468	4162	3349		9116	9 080
1910	37 006	3810	3353		7903	8 124
1911		3638	3654		7685	6 203
1912		3810	3584			

Aus Baden und Berlin liegen auch die Zahlen der Übertretungen der sittenpolizeilichen Vorschriften vor. Baden zeigt

1901 eine Steigerung um 10 % gegenüber 1900. 1903 ist wieder der alte Stand erreicht, der bis 1907 eingehalten wird. 1908 bringt gegenüber 1906 eine Steigerung um 17 %. In Berlin wurden 1906 5927 Personen wegen Übertretung der sittenpolizeilichen Vorschriften in Gewahrsam verbracht; 1911: 6203, 1909 aber 9080 Personen.

Wenn man auch die wegen Übertretungen Bestraften nicht eigentlich kriminell belastet nennen darf, so interessiert hier der Zusammenhang in einer anderen Richtung. Diese Art von Übertretungen sind der erste Schritt auf der Bahn des Verbrechens. Wenn die Zahlen zeigen, daß in Jahren des wirtschaftlichen Tiefstandes Tausende von Frauen aus Not der Prostitution in die Arme getrieben werden, so wird in diesen Jahren, ganz abgesehen vom ethischen und hygienischen Schaden des Volkes, eine Saat zu Verbrechen gelegt, deren unheilvolle Wirkung weit über die Krisenjahre hinausreicht.

Wenn wir uns nun der beruflichen Gliederung der Bevölkerung zuwenden (Tab. IX), so muß es als überraschend auffallen, daß die Krisenjahre nicht nur, wie zu erwarten war, in der Bevölkerung der Industrie und des Handels eine Zunahme der Delikte ergeben, sondern auch bei der landwirtschaftlichen Bevölkerung. Und doch handelt es sich bei den hier in Frage kommenden Krisen sämtlich um Industriekrisen. Die absolute Zunahme der Diebe in Handel und Industrie betrug im Jahre 1902 7 % und 1908 10 %, in der Landwirtschaft 5 % bzw. 6 %. Die Industriekrisen müssen also irgendwie eine indirekte, aber deutlich spürbare Wirkung auf die Landwirtschaft ausüben, d. h. die Arbeitslosigkeit in der Industrie auf die Arbietsverhältnisse auf dem Lande. Nun sind aber in den schlimmsten Krisenzeiten keine irgendwie beträchtlichen Rückwanderungen von industriellen Arbeitslosen auf das Land bemerkt worden, die dort ein Überangebot an Arbeitskräften hätten hervorrufen können. Und auf der anderen Seite ist in normalen Zeiten nicht Überfüllung, sondern Unterangebot das Kennzeichen des ländlichen Arbeitsmarktes. Der Zusammenhang muß daher komplizierter sein.

Tabelle IX.

Einfacher Diebstahl nach Berufsgruppen (absolute Zahlen).

	Landwirtschaft	Industrie	Handel
1888	25 346	25 959	5 045
1889	27 373	28 129	5 499
1890	24 957	29 304	6 112
1891	26 102	31 563	6 826
1892			
1893			
1894			
1895	23 935	30 002	7 023
1896	22 007	29 952	7 292
1897	21 779	31 436	7 687
1898	21 766	33 422	8 263
1899	20 189	32 865	8 151
1900	19 485	34 275	8 648
1901	20 256	36 634	9 581
1902	20 531	36 414	9 734
1903	20 408	35 939	9 316
1904	20 213	35 827	9 331
1905	19 216	37 271	9 609
1906	19 033	39 094	10 250
1907	18 560	40 775	10 699
1908	19 530	43 543	12 098
1909	19 409	42 011	11 908
1910	18 747	42 466	12 325
1911	17 284	41 789	12 414

* * *

Die Betrachtung der lokalen Gliederung der Bevölkerung (Tab. X) bestätigt das aus der beruflichen Gliederung gefundene Ergebnis. Die agrarischen Landesteile weisen in den Krisenjahren ebenso eine starke Zunahme auf wie die industriellen. Überwiegend agrarische Gebietsteile wie Ost- und Westpreußen, Posen zeigen in den Krisenjahren relative Zunahmen von über 10 %, die von den überwiegend industriellen Gebieten kaum erreicht werden. Doch dieses Problem der Krisenwirkung auf agrarische Gebiete soll einstweilen zurückgestellt und vorderhand nur die rein tatsächliche Wirkung der jüngsten Krisen auf die Arbeitslosigkeit der einzelnen deutschen Landesteile verglichen werden mit dem Stand der Kriminalität in diesen. Es können dabei nur die beiden Krisen dieses Jahrhunderts berücksichtigt werden, da über 1891 keine genauen Situationsberichte vorliegen. Die folgenden Detailangaben über den Verlauf der Krisen sind teils Calwers Jahrbuch „Handel und Wandel" entnommen, teils dem von Jastrow herausgegebenen 108. Band der Schriften des Vereins für Sozialpolitik „Die Krisis 1902 auf dem Arbeitsmarkt".

Ta-

Einfacher Diebstahl (einschließlich Diebstahl im Rück-

	1893	1894	1895	1896	1897	1898	1899	1900
Reich	236	231	224	216	220	224	210	211
Preußen	243	240	238	226	226	229	214	218
Ostpreußen	363	352	354	362	346	337	332	308
Westpreußen	428	384	395	357	352	339	301	338
Pommern	216	197	227	208	200	220	194	190
Berlin	322	321	310	318	327	343	309	309
Brandenburg	243	249	253	229	239	236	210	211
Posen	414	378	367	337	332	345	308	322
Schlesien	309	303	303	274	274	291	259	263
Prov. Sachsen	253	250	228	226	225	222	212	208
Schleswig-Holstein	167	192	195	173	169	165	161	165
Hessen-Nassau	165	162	162	152	155	141	136	141
Hannover	165	171	173	167	170	171	161	156
Westfalen	131	142	137	145	137	155	153	159
Rheinlande	141	148	145	142	149	147	156	169
Bayern	247	246	235	227	249	251	243	234
Kgr. Sachsen	249	226	200	206	219	231	214	224
Württemberg	181	166	162	160	176	170	157	148
Baden	190	188	181	186	181	184	171	177
Mecklenbg.-Schwerin	197	215	212	219	217	194	211	195
Hessen	146	132	132	133	137	148	148	142
Braunschweig	241	260	228	224	209	220	204	228
Bremen	421	342	324	342	366	392	338	348
Hamburg	422	437	338	308	292	306	293	298
Elsaß-Lothr.	108	117	109	114	124	131	120	118

Die Verschlechterung zu Beginn des Jahrhunderts machte sich im September 1900 bemerkbar. Im Dezember kamen auf eine Stelle durchschnittlich zwei Gesuche. 2 % der im Januar 1900 Beschäftigten waren im Dezember 1900 arbeitslos, während die Jahre 1898 und 1899 10 % bzw. 7 % Zunahme gebracht hatten im Dezember gegenüber Januar. Besonders empfindlich wurde der Rückgang verspürt in Berlin, Posen, den westlichen Industriestädten und im nördlichen Bayern. Jastrow erwähnt noch besonders Schlesien und Königreich Sachsen. Die Statistik der Diebe weist für diese sämtlichen Gebiete im Jahre 1901,

belle X.

fall) auf 100000 Strafmündige der Zivilbevölkerung.

1901	1902	1903	1904	1905	1906	1907	1908	1909	1910	1911
223	223	214	207	205	210	210	223	215	209	201
233	234	233	216	215	217	222	239	232	222	210
307	316	324	304	272	272	259	287	258	240	224
331	339	337	357	302	309	296	320	313	273	250
206	210	205	205	191	183	291	199	201	186	172
326	312	280	261	268	288	341	356	336	327	325
228	234	214	201	210	211	220	243	228	214	208
364	353	323	317	306	301	298	311	293	261	246
283	278	261	260	263	258	256	278	278	278	251
222	232	211	197	208	195	203	224	214	205	187
179	171	188	186	171	177	179	202	201	217	202
152	144	137	144	138	150	148	156	151	152	143
168	175	167	166	161	166	164	178	179	171	163
182	173	177	167	172	184	191	209	199	201	191
185	194	186	176	189	193	199	207	210	200	196
241	238	225	215	212	224	210	207	194	195	196
220	218	208	205	201	205	194	207	192	187	193
158	165	158	153	151	163	162	161	169	166	155
182	182	165	168	170	174	181	172	163	175	174
209	216	214	214	212	201	173	206	208	209	184
139	142	132	130	126	137	136	147	139	121	128
237	249	234	218	203	231	226	221	208	218	208
370	318	352	405	407	384	424	459	381	370	378
318	293	287	251	237	270	264	299	260	267	272
124	122	115	114	128	126	124	126	130	130	119

also dem Hauptaburteilungsjahr für 1900, eine starke Zunahme auf, für die meisten sogar die Höchstziffer, die während der Krisenjahre erreicht wurde. Keine oder nur eine geringe Zunahme der Kriminalität zeigen Ost- und Westpreußen und die Mehrzahl der süddeutschen Staaten. Die agrarischen Gebiete erreichen ihre Höchstziffer 1902 und 1903, was wieder darauf hinweist, daß der auf sie ausgeübte Einfluß ein abgeleiteter, daher erst allmählich spürbarer sein muß. Die geringe Zunahme der Delikte im Süden erklärt sich daraus, daß die Krisis im ganzen Süddeutschland weniger traf, so daß man dort nach Calwer mehr von einem Rückgang als von einer Krisis reden muß. Vor allem aber wurden in den süddeutschen Staaten von seiten der Regierung am meisten Schutzmaßregeln getroffen für die Arbeitslosen; allen voran in Bayern durch eine vernünftige Regelung der öffentlichen Bauarbeiten. So erklärt es sich, daß Bayern, obwohl es anfänglich stark von der Krisis betroffen wurde und auch 1901 eine bedeutende Zunahme der Diebstähle aufweist, 1902 sich kriminell schon wieder bessert und 1903, als die meisten Gebiete noch hohe Zahlen haben, wieder auf seinem Normalniveau steht. Ebenso erklärt sich auch die oben konstatierte relativ geringe Zunahme der Übertretungen in Bayern.

Im Königreich Sachsen, Braunschweig und Schlesien nahm die Krisis an Umfang gegen Ende 1901 noch zu. Aber man half sich hier weniger mit Entlassungen als vielmehr mit Verkürzung der Arbeitszeit. Auf die dauernde Wirkung hin angesehen, ist dieses System der relativen Arbeitslosigkeit vielleicht schlimmer als die absolute, weil es eine Entwertung der Arbeitskraft bedeutet, die erst durch schwere Lohnkämpfe wieder gut gemacht werden kann (Eulenburg). Aber in seinen momentanen Wirkungen ist es doch vorzuziehen, weil es die Arbeiter vor der äußersten Not bewahrt. Die Zahl der Diebe nimmt daher auch in diesen Gebieten trotz fortdauernder Krisis langsam ab. Übrigens haben gerade auch diese Staaten neben Berlin die größten Unterstützungen gezahlt.

In Rheinland und Westfalen dagegen, wo besonders starke Entlassungen stattfanden (das rheinisch-westfälische Kohlensyndikat machte Produktionseinschränkungen bis zu 35 %, die Spinnereien bis zu 25 %), dauern die schlechten Zahlen der Kriminalstatistik fort bis 1903.

Die Seestädte litten verhältnismäßig wenig. Auf den Werften war Überarbeit, und nur der allzu große Zuzug aus dem Binnenlande verschlechterte die Arbeitsverhältnisse ein wenig. Im großen ganzen aber lauten die Berichte besonders für Bremen sehr günstig, und so wird es verständlich, daß Bremen 1902 mitten in der Krisis seine niedrigste Diebstahlsziffer erreicht zwischen 1893 und 1911.

Werfen wir noch einen ganz kurzen Blick auf die jüngste Krisis, die Ende 1907 begann. Besonders schwer wurden wieder die rheinisch-westfälischen Gebiete betroffen, auch Elsaß. Während das übrige Deutschland sich 1909 wieder langsam erholte, verschlimmerte sich zum Teil in diesen Gebieten die Lage noch. Der Beschäftigungsgrad nahm zwar wieder zu, aber die relative Arbeitslosigkeit war sehr groß, d. h. der Lohnausfall. Im preußischen Bergbau nahm die Lohnsumme um 37 Millionen ab. Diese Gebiete zeigen daher auch in der Kriminalstatistik bis 1910 schlechte Zahlen, während andere industrielle Gebiete: Königreich Sachsen, Schlesien, schon 1909 Besserung aufweisen. Weit über die durchschnittliche Beschäftigung hatte wieder Bremen, das 1909 auch eine sehr niedrige Kriminalitätsziffer hat. Ganz geringe Schwankungen zeigen die Zahlen der süddeutschen Staaten. Sie haben die Krisis am besten überstanden und hatten nach Calwer die geringste Beschäftigungsabnahme.

* *
*

Wenn wir das Ergebnis unserer ganzen bisherigen Untersuchung zusammenfassen, so hat sich nicht nur ein oberflächlicher Zusammenhang zwischen der durch die Krisen hervorgerufenen Arbeitslosigkeit und der Kriminalität der Bevölkerung herausgestellt. Es ergab sich vielmehr, daß die Kurve der Vermögensdelikte sich bis aufs kleinste den Bewegungen der Konjunktur anpaßt, daß sie jede Änderung in den Arbeitsverhältnissen, sei sie zum Besseren oder zum Schlimmeren, zum Ausdruck bringt. Man könnte die Schwankungen der wirtschaftlichen Lage nach ihrer zeitlichen und örtlichen Bestimmtheit allein schon aus den Zahlen der Kriminalstatistik ablesen. Und so dürfte man sagen, daß die Kurve der Vermögensdelikte ihr Gesetz allein den Schwankungen der Konjunktur entnehme, zeigte sie nicht jenen eigentümlichen Ausschlag nach oben in den Jahren bester Konjunktur 1898 und 1906, auf den oben verschiedene Male hingewiesen wurde. Nun ist allerdings bis jetzt nur die unfreiwillige Arbeitslosigkeit betrachtet worden, die den Krisen entstammt. Es gibt nun aber auch eine freiwillige Arbeitslosigkeit, die gerade in den Jahren bester Konjunktur auftritt: die Streiks. Herz[1]) hat für Österreich einen unbestreitbaren Zusammenhang gefunden zwischen den Streiks und den Vergehen gegen den Staat in den Jahren 1891 bis 1899. Mittlerweile aber hat sich, wie oben schon erwähnt, unter dem wachsenden Einfluß der Gewerkschaften eine immer größere Disziplin unter den Massen herangebildet, die sie auch über die Zeit der Ausstände Ordnung halten läßt. Daher war in den letzten 10 Jahren bei uns kein Zusammenhang zu erkennen zwischen Ausständen und Gewaltdelikten, obwohl gerade in diese Zeit die umfassendsten Streiks fallen. Immerhin ist ein Zusammenhang mit den Vermögensdelikten nicht ganz von der Hand zu weisen, wenn wir sehen, daß Bremen, das die Krisis von 1901 so gut überstanden hat, plötzlich in den Erholungsjahren 1904 und 1905 im Gegensatze zum ganzen Reiche ein Anschwellen der Diebstahlsziffern aufweist, und wenn andererseits Bremen in diesen Jahren im Gegensatz zu der allgemeinen Stetigkeit der Beschäftigung im Reich von schweren und umfangreichen Ausständen heimgesucht wurde. Ganz falsch wäre es aber, die allgemein hohe Kriminalitätsziffer des guten Wirtschaftsjahres 1906 als Folge der damals sich über ganz Deutschland in nie zuvor erlebtem Umfang hinziehenden Streiks anzusehen. Diese Streiks sind vielmehr selbst etwas Sekundäres, eine Folge derselben Ursache, die die hohe Kriminalität bewirkt hat. Damit die soziale Verursachung der Diebstahlskurve in ihrem ganzen Verlaufe deutlich wird,

[1]) Herz: Kriminalität und die arbeitenden Volksklassen in Österreich in Conrads Jahrb. f. Nat. u. St. Bd. 28.

soll nun der hier wirksame kriminal-soziale, nicht in den Anstellungsverhältnissen zu suchende Faktor erforscht werden. Nur auf diesem Weg lassen sich aber schließlich auch die tiefsten Zusammenhänge zwischen Arbeitslosigkeit und Kriminalität aufdecken.

II.

Es ist an dieser Stelle unerläßlich, in Kürze Stellung zu nehmen zu einem bis heute in der kriminalstatistischen Literatur unausgetragenen Streit. Seit G. v. Mayr im Jahre 1867 einen Zusammenhang zwischen Kriminalität und Getreidepreisen entdeckt hat, den er in die knappe Fassung brachte: „Jeder Sechser, um den der Getreidepreis steigt, bringt einen Diebstahl mehr auf 10 000 Personen“, ist dieser Gedanke als eine Grundtatsache der Kriminalsoziologie bis heute lebendig geblieben. Im Jahre 1899 machte Müller-Jena in einer Dissertation den Versuch, diesen Zusammenhang zwischen Getreidepreisen und Kriminalität als ein auf das heutige industrielle Deutschland nicht mehr passendes Dogma umzustoßen, und an seine Stelle den Zusammenhang zwischen wirtschaftlicher Konjunktur und Kriminalität zu setzen. Aber wenige Jahre darauf, 1902, erschien aus dem kriminalistischen Seminar in Berlin eine Entgegnung von Hermann Berg, in der die Müllersche Kritik der Mayrschen Theorie zurückgewiesen und das alte Gesetz wieder in seine Alleinherrschaft eingesetzt wurde. Alle Bedeutung spricht Berg zwar den Schwankungen der Konjunktur nicht ab. Er weist ihnen einen gewissen regulierenden Einfluß zu, den sie aber nur auf der Basis der durch die Lebensmittelpreise in ihren allgemeinen Umrissen fixierten Kriminalität ausüben können. Wohl könne durch steigende Löhne bei guter Konjunktur auch einer Teuerung die Wage gehalten werden, andererseits rufe bei hohen Preisen eine schlechte Konjunktur um so schlimmere Folgen hervor; der letztentscheidende Faktor bleibe aber doch die Bewegung der Preise. Einen ähnlichen Standpunkt nehmen heute Aschaffenburg und Wulffen ein.

Die weitere Untersuchung wird zeigen, daß beide, Müller und Berg, einen grundlegenden kriminologischen Faktor richtig erfaßt haben. Aber indem jeder mit seinem Prinzip alle Tatsachen erklären wollte, haben sie beide das eigentliche Gesetz, nach dem die Bewegung der Vermögensdelikte verläuft, nicht gefunden. Es darf dies natürlich nicht so verstanden werden, als müsse man jeder einzelnen Tatsache der Kriminalstatistik gegenüber beide Momente in Betracht ziehen. Im Gegenteil, die Bewegung der Preise einerseits, die Schwankungen der Konjunktur, d. h. die Zu- und Abnahme der Arbeitslosigkeit andererseits sind zwei fundamentale Faktoren, die von Haus aus in ganz verschiedener Weise selbständig auf die Bewegung der Vermögensdelikte einwirken, derart, daß sich die einen Tatsachen der Kriminalität nur durch den einen Faktor, die anderen prinzipiell nur durch den anderen erklären lassen, wenn auch historische Zufälle es dahin bringen können, daß beide Faktoren äußerlich gleichzeitig ihre Wirkung ausüben.

Dies verkannte Manzini in seinem „Trattato del furto“, als er zu seiner ablehnenden Stellung unserem Problem gegenüber gelangte. Er verglich die Zahlen der Kriminalstatistik das eine Mal mit der Skala der Getreidepreise und bemerkte richtig, daß einige Zahlen übereinstimmen, andere aber nicht. Alsdann verglich er sie mit der Kurve der Arbeitslosigkeit, wobei sich das gleiche herausstellte: Übereinstimmung in einzelnen Jahren, in anderen nicht. Daraus schloß er nun: Da keiner der beiden Faktoren für sich allein den Verlauf der Diebstahlskurve ganz erklären kann, kann man keinen eigentlich kausal nennen. Er beging außerdem bei seinen Untersuchungen einen Fehler der statistischen Technik, auf den schon in anderem Zusammenhang hingewiesen wurde. Er zog nämlich stets dasselbe Jahr heran zum Vergleiche der Diebstähle und der Arbeitslosigkeit, statt die Wirkung des sozialen Faktors auch auf die Kriminalität der folgenden Jahre zu betrachten. Schließlich aber liegt der letzte Grund, warum Manzini die tatsächliche Wirkung der sozialen Faktoren nicht erkennen konnte, in der statistischen Methode, die er bei seiner Untersuchung anwandte, nämlich die Betrachtung weniger Massenzahlen. Und doch zitiert er selbst Bosco, der darauf hinweist, daß das heutige ökonomische Leben sich so sehr kompliziert hat, daß in den Massenzahlen sich die verschiedenartigsten, nicht mehr im einzelnen erkennbaren Einflüsse ausdrücken, und daß man daher den Untersuchungen über kausale Faktoren des Verbrechens die Zahlen der einzelnen Provinzen zugrunde legen müsse.

Gegen dieselbe Wahrheit verstoßen nun auch die beiden deutschen Autoren. Sie haben ihre Schlüsse sämtlich auf den Zahlen der jährlich im ganzen Reiche verurteilten Delinquenten aufgebaut. Dies wäre eine ganz einwandfreie Methode, wenn die Struktur der Bevölkerung im ganzen Reiche homogen wäre. Nun ist das Reich heute zu zwei Dritteln industriell, zu einem Drittel agrarisch, aber derart, daß einzelne Landesteile bis zu 90 % industriell, andere bis zu 70 % agrarisch sind. Es ist nun sehr die Frage, ob Krisen einerseits, hohe Preise andererseits auf industrielle und agrarische Gebiete in gleicher Weise einwirken. Als Müller und Berg ihren Untersuchungen die Mischzahlen aus dem ganzen Reiche, die weder für die industriellen, noch für die agrarischen Gebiete allein passen, zugrunde legten, hatten sie implicite diese Frage bejaht.

Ehe wir nun unsererseits dieses Problem entscheiden wollen, soll zuerst dargelegt werden, daß die Getreidepreise auch heute tatsächlich noch einen Einfluß auf die Kriminalität ausüben. Bei der heutigen Lebenshaltung der Bevölkerung ist natürlich der Begriff der Getreidepreise als des in dieser Richtung wirksamen sozialen Momentes viel zu eng. Mit den steigenden Löhnen hat die Fleischnahrung auch in die unteren Klassen immer mehr Eingang gefunden; Wohnungs- und Kleidungspreise beanspruchen einen steigenden Anteil am Einkommen des Arbeiters. Wollte man alle hier wirksamen Momente berücksichtigen, so müßte man für jedes Jahr einen Durchschnittspreis der Lebenshaltung der unteren Stände berechnen. Immerhin geht aber nach Aschaffenburg auch heute noch ein Sechstel des Einkommens des Arbeiters für Brot aus dem Hause. Außerdem stimmen die Schwankungen der übrigen Lebensmittelpreise, auf größere Zeiträume hin angesehen, ziemlich überein mit den Schwankungen der Getreidepreise. Und so darf auch heute noch der Marktpreis des Getreides wenigstens als Index für die Kosten der Lebenshaltung des Arbeiters angenommen werden.

Betrachten wir die Berliner Roggenpreise (Tab. XI) in ihrem Verlaufe vom Jahre 1880 bis heute, so setzt das Jahr 1880

Tabelle XI.
Lebensmittelpreise.

	Getreidepreise in Berlin in Mk.			Fleischpreise in Mk.	
	Roggen 1000 kg	Weizen 1000 kg	Kartoffeln 1000 kg	Rind 100 kg	Schwein 100 kg
1880	187,9	217,8			
1881	195,2	219,5		98,5	110,4
1882	152,3	204,2	36,3	97,9	108,2
1883	144,7	186,1	55,7	101,7	103,5
1884	143,3	162,2	39,3	98,2	92,3
1885	140,6	160,9	32,2	97,0	99,3
1886	130,6	151,3	29,9	93,5	94,2
1887	120,9	164,4	33,3	91,9	87,2
1888	134,5	172,2	37,9	90,1	85,8
1889	155,5	187,7	33,8	95,9	110,6
1890	170,0	195,4	36,4	109,9	115,7
1891	211,2	224,2	63,8	110,9	102,2
1892	176,3	176,4	54,7	107,9	110,0
1893	133,7	151,5	38,3	108,0	109,0
1894	117,8	136,1	37,1	118,9	101,8
1895	119,8	142,5	41,6	119,0	90,1
1896	118,8	156,2	34,4	112,2	86,2
1897	130,1	173,7	43,3	113,1	105,0
1898	146,3	185,5	42,8	113,3	111,3
1899	146,0	155,3	37,6	115,9	94,8
1900	142,6	151,8	45,0	119,1	95,5
1901	140,7	163,6	39,2	117,3	112,2
1902	144,2	163,1	36,3	121,4	118,8
1903	132,3	161,1	44,9	129,0	103,7
1904	135,1	174,4	55,6	131,5	102,0
1905	151,9	174,8	53,4	137,5	132,0
1906	160,6	179,6	34,6	147,7	137,0
1907	193,2	206,3	53,1	146,6	114,0
1908	186,5	211,2	54,0	139,0	120,1
1909	176,5	233,9	49,9	131,6	138,0
1910	152,3	211,5	40,7	145,0	131,9
1911.	168,3	204,0	59,7	153,7	114,2
1912	185,8	217,0	70,5	166,2	147,4

mit einem sehr hohen Preis ein, der sich aber 1882 senkt und bis 1887 einen tiefen Stand einnimmt. 1888 setzt eine energische Steigerung ein mit Maximum im Jahre 1891, die aber gegen Mitte der neunziger Jahre wieder ganz zurückgeht. 1897 beginnt eine neue Steigerung mit Höhepunkt 1898, die anhält bis 1902. 1905 setzt eine dritte Aufwärtsbewegung ein, die sich bis 1909 hinzieht.

Wie bei den Krisen sind es hier abermals drei Perioden, aber von größerer Ausdehnung: 1888 bis 1892, 1897 bis 1902, 1905 bis 1909. Die zweite Hälfte jeder dieser Perioden fällt zusammen mit je einer Krisenperiode. Außerdem aber umfassen die Perioden höchster Preise jene rätselhaften Jahre 1898 und 1906, die in einer Zeit blühendster Konjunktur eine starke Zunahme der Kriminalität aufgewiesen haben. Das Jahr 1889, ebenfalls ein Jahr großer Steigerung der Preise und günstiger Konjunktur, zeigt die gleiche Zunahme der Delikte. (Vergl. Tab. IV.)

Für den sich hierin ausdrückenden Zusammenhang zwischen Kriminalität und Getreidepreisen spricht nicht nur die gleichzeitige Aufwärtsbewegung beider Skalen in den aufeinander bezüglichen Jahren. Vielmehr deutet die besondere Art der Aufwärtsbewegung der Kriminalitätszahlen in den Jahren 1889, 1898 und 1906, nämlich ein plötzlicher Sprung, der im nächsten Jahre wieder ausgeglichen ist, auf eine Ursache hin, die entweder nur kurze Zeit wirkte oder aber nur im Moment ihres Auftretens die wirtschaftliche Lage der Betroffenen erschütterte, in ihrer weiteren Wirkung jedoch paralysiert wurde. Das letztere gilt von der Steigerung der Getreidepreise. Sie hat bei ihrem Auftreten eine starke Verkürzung des Reallohnes des industriellen Arbeiters zur Folge, d. h. die Menge der gegen seinen Geldlohn eintauschbaren Dinge verkleinert sich erheblich. Keineswegs aber steht er dem absoluten Nichts gegenüber wie der gänzlich Arbeitslose. Die Wirkung der hohen Lebensmittelpreise ist eher der Wirkung der relativen Arbeitslosigkeit, d. h. der Lohnverkürzung durch Arbeitseinschränkung in den Krisenjahren, zu vergleichen. Nach der ersten Erschütterung seiner Verhältnisse unter dem Eindruck der Umwälzung gewöhnt sich der

Arbeiter allmählich an seine verschlechterte Lage, indem er seine Ansprüche einschränkt oder durch Streik einen höheren Lohn zu erkämpfen sucht. Auf diesen letzteren Umstand sind die gewaltigen Ausstände in den Jahren der Preissteigerung 1905 und 1906 zurückzuführen. Sie sind, wie oben gesagt wurde, eine Folge der gleichen Ursache, die auch das Steigen der Kriminalitätsziffern verschuldet hat.

Die Getreidepreise erweisen sich damit, in Widerspruch mit Müllers Behauptung, auch heute noch als ein von der allgemeinen industriellen Konjunktur unabhängiges Moment der Kriminalsoziologie, das selbständig die Kriminalität beeinflußt. Und zwar sind die Delikte, die hier in Betracht kommen, dieselben, die auch der Einwirkung der Konjunktur unterliegen, also in erster Linie die Vermögensdelikte. Dieser Parallelismus erklärt sich durch die sachliche Verwandtschaft dieser beiden wirtschaftlichen Momente, die beide eine Notlage der arbeitenden Klassen hervorrufen, und auf die die Bevölkerung daher mit den gleichen Delikten reagiert. Der kriminelle Einfluß der Preise ist bei allen Gliedern der Bevölkerung zu spüren, bei Männern und Frauen, bei Ledigen und Verheirateten, vor allem aber bei den Jugendlichen. (Siehe Seite 21.)

Hat sich so mit Hilfe der Statistik der Getreidepreise diese eine bisher rätselhafte Erscheinung der Kriminalstatistik erklären lassen, so hat diese selbe Skala der Preise zugleich unsere sämtlichen bisherigen Ergebnisse in Frage gestellt. Wir sahen oben, daß die Perioden der hohen Preise sich über sämtliche Krisenjahre hin erstrecken, eine Tatsache, aus der Berg folgerte, daß sämtliche Steigerungen der Kriminalität durch die hohen Preise und nicht durch die industrielle Konjunktur verursacht würden. Nun hat sich zwar oben die genaueste Übereinstimmung ergeben zwischen Kriminalität und Konjunktur, aber die soeben betrachteten Zahlen sprechen ebensogut für Berg. Da er der Konjunktur einen gewissen regulierenden Einfluß zuerkennt auf der Basis der Preise, so kann er die sämtlichen Ergebnisse dieser Untersuchung anerkennen und doch an seiner Theorie von der zu allen Zeiten bestehenden Priorität der Preise festhalten. Uns aber kam es gerade darauf an, die Schwankungen der Konjunktur, d. h. der Arbeitslosigkeit als einen primären, um alle anderen Einflüsse unbekümmerten Faktor zu erweisen. Gibt es eine Möglichkeit, zwischen diesen beiden Anschauungen zu entscheiden, deren jede scheinbar durch die Zahlen gestützt wird? Die Zahlen für die Gesamtbevölkerung werden nie Klärung bringen. Betrachten wir aber noch einmal die Kriminalität der Bevölkerung nach ihrer beruflichen und örtlichen Gliederung.

Die Industrie weist in dem guten Wirtschaftsjahre 1898 infolge der hohen Preise eine absolute Zunahme der Diebstähle um $6^1/_2$ % auf, gegenüber 1897 (Tab. IX). In der Landwirtschaft ist dagegen keine Veränderung zu konstatieren 1898 gegenüber 1897. Die Diebe haben also hier relativ abgenommen. 1905 bis 1907, die andere Periode mit blühender Konjunktur aber hohen Preisen, ergibt für die Industrie eine absolute Zunahme der Diebe um 10 %, für die Landwirtschaft eine absolute Abnahme um $3^1/_2$ %.

Von den einzelnen deutschen Landesteilen weisen 1898 keine Zunahme auf (Tab. X): Ostpreußen, Westpreußen, Hannover und Württemberg, also Gebiete mit vorwiegend agrarischer Bevölkerung. Dazu kommen noch Brandenburg, Schleswig-Holstein, Hessen-Nassau und Provinz Sachsen, in denen zwar die industrielle Bevölkerung überwiegt, die aber damals doch noch über 40 % Landwirtschaft hatten. Die größte Zunahme dagegen (bis zu 14 % relativ) zeigen die Städte, Königreich Sachsen, Braunschweig und Westfalen, also die Gebiete mit der größten industriellen Bevölkerung. Noch reiner kommt dies zum Ausdruck 1905 und 1906. Hier zeigen alle Gebiete eine Zunahme außer Ostpreußen, Pommern, Posen und Mecklenburg, also gerade die agrarischen Hauptgebiete.

Etwas sehr Natürliches hat sich damit ergeben: hohe Getreidepreise beeinflussen die Kriminalität der industriellen Bevölkerung ungünstig, nicht aber die der agrarischen. Während die Preise auf die Industriegebiete drücken, haben ja die agrarischen Gebiete Vorteil von ihnen. Dies könnte mißverstanden werden. Daß der freie Bauer, der auf eigenem Grund und Boden sitzt, Vorteil aus hohen Getreidepreisen zieht, ist selbstverständlich. In den agrarischen Hauptgebieten des Nordens und Ostens unseres Reiches jedoch, um die es sich hier handelt, besteht die Masse der Bevölkerung nicht aus freien Bauern, sondern infolge des dort dominierenden Großgrundbesitzes aus Landarbeitern. Der Landarbeiter hat unmittelbar keinen Vorteil von hohen Preisen seines Produktes, sein Lohn bestimmt sich genau wie der des Industriearbeiters nach dem Verhältnis von Angebot und Nachfrage von Arbeitskräften. Dieses Lohnfixum kann bei hohen Preisen allerdings indirekt dadurch erhöht werden, daß die hohen Profite den Grundbesitzer zur Ausdehnung des Anbaues veranlassen, daß also die Nachfrage nach Arbeitskräften steigt und damit der Lohn. Dies ist aber hier nicht das Entscheidende. Ausschlaggebend ist, daß das Lohnfixum, auch wenn es nicht erhöht wird, im Gegensatz zum Industriearbeiter beim Landarbeiter nicht nur dem Namen, sondern auch der Sache nach sich gleichbleibt, ob die Preise steigen oder fallen. Wenn die Getreidepreise steigen und der Nominallohn des Industriearbeiters unverändert bleibt, so ist sein Reallohn tatsächlich gesunken, weil er in Geld entlohnt wird. In den hier in Frage kommenden agrarischen Gebieten ist aber noch heute die Naturallöhnung vorherrschend. Es überwiegt das sogenannte Instenverhältnis, bei dem die Arbeiterfamilie auf ein Jahr engagiert und durch einen Anteil an der Ernte und am Erdrusch entlohnt wird. Die Arbeiter erhalten daneben noch einen kleinen Tagelohn in Geld, ihre Existenz ist aber, wenn sie überhaupt eine Anstellung haben, gesichert, ob die Preise hoch oder niedrig sind. Das Verhältnis ist heute in Umbildung begriffen, die Entlohnung in Geld nimmt immer mehr zu. Dadurch wird der Landarbeiter immer mehr dem Industriearbeiter gleichgestellt, was vielleicht auch schon in der Statistik der Diebstähle zum Ausdruck kommt, wenn ein so sehr agrarisches Gebiet wie Westpreußen 1906 schon eine kleine Zunahme der Diebe zeigt. Immerhin ist aber in den hier in Betracht kommenden Jahren die Naturallöhnung noch unbedingt vorherrschend und bietet eine ausreichende Erklärung dafür, daß die Lebenswohlfahrt des ländlichen Arbeiters durch hohe Getreidepreise nicht ebenso beeinträchtigt wird wie die des Industriearbeiters, daß er daher auch nicht wie dieser kriminell auf sie reagiert.

Während nun die Preise unverändert hoch bleiben, bricht plötzlich zwei Jahre später eine Krisis über die Industrie herein, die eine weitreichende Arbeitslosigkeit zur Folge hat. Die Diebe nehmen zu in der Industrie und nun auch in der Landwirtschaft (Tab. IX), wie wir oben sahen.

Die Zunahme in der Industrie könnten die hohen Preise verschuldet haben. Es ließe sich dagegen vielleicht der Rückgang der hohen Diebstahlsziffern im Zwischenjahre 1907, dem zweiten Jahre der hohen Preise und letzten Jahre der Hochkonjunktur anführen. Die oben besprochene Anpassung an die veränderte Wirtschaftslage ist hier wirksam geworden, und es wäre nun sonderbar, daß die seit 1906 unveränderte Höhe der Preise 1908 mit einem Male wieder eine Zunahme der Diebstähle bewirkte. Immerhin aber wird die Frage innerhalb der industriellen Verhältnisse nicht endgültig zu entscheiden sein.

Ganz anders in den agrarischen Gebieten. Sie zeigen sämtlich 1908 und 1909 eine starke Zunahme der Diebe, Ost- und Westpreußen um 10 %, Mecklenburg um 20 % relativ. Auf die hohen Preise kann die Steigerung nicht zurückgeführt werden. Was 1906 als plötzlich hereinbrechendes Ereignis ohne Wirkung war, kann nicht auf einmal 1908 wirken, wenn man anderwärts sich schon 1907 den veränderten Verhältnissen angepaßt hatte. Nun tritt die Steigerung der Kriminalität auf dem Lande in unmittelbarem zeitlichen Zusammenhang ein mit der Krisis in der Industrie. Ließe sich hier ein kausaler Zusammenhang nachweisen, d. h. beeinflußte die Arbeitslosigkeit in der Industrie den Arbeitsmarkt auf dem Lande, so daß es auch hier zu einer Arbeitslosigkeit kommt, dann wäre ein nicht mehr bestreitbarer Zusammenhang zwischen Arbeitslosigkeit und Kriminalität nachgewiesen. Wie ist aber eine Wirkung der industriellen Krisis auf den ländlichen Arbeitsmarkt zu verstehen, wenn, wie oben bemerkt wurde, keine Rückwanderung der städtischen Arbeitslosen aufs Land zu konstatieren ist?

Es wurde oben schon erwähnt, daß die hier in Frage stehenden agrarischen Hauptgebiete sämtlich Gebiete mit überwiegendem Großgrundbesitz sind. Wie man sich im übrigen zu dieser Bodenverfassung stellen mag, soviel kann nicht bestritten werden, daß sie die Landflucht verursacht hat, die seit 40 Jahren das Charakteristikum der räumlichen Bewegung unseres Volkes ist. Wenn es dazu noch einer statistischen Unterlage bedarf, so soll aus Oppenheimer „Theorie der reinen und politischen Ökonomie" zitiert werden, daß zwischen 1885 und 1890 der Süden und Westen Deutschlands 13 % des Geburtenüberschusses in die Industriebezirke abgegeben hat, der Nordwesten 30 %, der Osten 75 %. Diese Landflucht ist nun aber von der größten wirtschaftlichen Bedeutung nicht nur für die Wegziehenden, sondern auch für die Zurückbleibenden. Wir sahen, daß die überwiegende Mehrzahl der agrarischen Bevölkerung aus Landarbeitern besteht, deren Einkommen nicht bestimmt wird durch den Marktpreis ihrer Produkte, sondern durch das Verhältnis zwischen Angebot und Nachfrage auf dem Arbeitsmarkt. Das einzige Mittel zur Steigerung seines Lohnes, das der Arbeiter hat, ist die Verminderung des Angebotes von Arbeitskräften. Diese Verminderung wird erzielt durch den steten Abfluß von Arbeitern nach der Industrie. Indem der Landarbeiter den höheren Löhnen der Industrie nachzieht, da dort bei guter Kojunktur die Nachfrage nach Arbeitern größer ist als das Angebot, vermindert er zugleich das Angebot von Arbeitern auf dem Lande und ermöglicht so eine Aufwärtsbewegung der ländlichen Arbeiterlöhne. Die chronische Landflucht ist daher bei den heutigen Bodenverhältnissen der einzige und unentbehrliche Zustand, bei dem der Landarbeiter teilhaben kann an der allgemeinen Zunahme des Einkommens und Steigerung der Lebenshaltung.

Bricht nun eine Krisis über die Industrie herein, so kann diese keine Arbeitskräfte mehr aufnehmen und der kontinuierliche Abfluß vom Lande nach der Stadt ist unterbrochen. Es ist nicht nötig, daß ein einziger Arbeiter zurückwandert aufs Land. Dadurch, daß die Krisis den Abfluß nach der Stadt zum Stillstand zwingt, schwillt das Angebot auf dem Lande so sehr an, daß zum mindesten die Löhne beträchtlich sinken.

Eine zahlenmäßige Grundlage für die Behauptung, daß die Landflucht in den Krisenjahren gehemmt werde, bieten die Mitteilungen über Zu- und Abwanderungen in den deutschen Städten

(Tab. XII). Es zeigt sich durchweg in den drei Krisenperioden eine beträchtliche Abnahme der Zuwanderungen, bei der allerdings nicht festgestellt werden kann, ob in erster Linie die Zuwanderung vom Lande her oder die aus anderen Städten zurückging. Einen sichereren Schluß erlaubt daher die Tabelle XIII, in der die relative Zu- und Abwanderung für die einzelnen Provinzen und Bundesstaaten angegeben ist, und zwar für die beiden wirtschaftlich schlechten Jahrfünfte 1890 bis 1895 und 1900 bis 1905 sowie für das gute Jahrfünft 1895 bis 1900. Die industriellen Hauptgebiete, Westfalen, Rheinland, Königreich Sachsen, Berlin, zeigen in den guten Jahren eine bedeutende Zuwanderung gegenüber den minimalen Zuzügen in den Krisenperioden. Umgekehrt ist die Abwanderung aus den agrarischen Hauptgebieten, Ostpreußen, Posen, Mecklenburg in den Krisenjahren gering gegenüber den Verlusten in dem wirtschaftlich günstigen Jahrfünft. Noch deutlicher geht dies aus Tabelle XIV hervor, nach welcher die agrarische Bevölkerung der Gebiete mit vorwiegendem Großgrundbesitz, also Ost- und Westpreußen, Pommern und Posen, von Jahrfünft zu Jahrfünft eine kleine Abnahme zeigt mit Ausnahme der Periode 1890 bis 1895, in der diese sämtlichen Gebiete eine merkliche Zunahme aufweisen. Andere Gebiete mit bedeutender agrarischer Bevölkerung wie der ganze Westen, in denen aber das Bauerngut vorherrscht, zeigen keinerlei Beeinflussung durch die Krisen. Wo aber die Landarbeiter vorherrschen, hemmt die Krisis, wie die Zahlen erweisen, den notwendigen Abfluß nach der Stadt und erzeugt ein Überangebot auf dem ländlichen Arbeitsmarkt. Wenn überhaupt alle Arbeiter auf dem Lande Beschäftigung finden — Erhebungen sind hierüber nicht vorhanden —, so werden sie doch nur zu einem solch niederen Lohn angenommen, daß zum mindesten eine große relative Arbeirslosigkeit entsteht. In unmittelbarer Abhängigkeit von der industriellen Krisis erfolgt so ein Niedergang der wirtschaftlichen Lage des Landarbeiters, obwohl keine Rückwanderung aufs Land erfolgt und zu gewöhnlichen Zeiten auf dem ländlichen Arbeitsmarkte Unterangebot herrscht.

Und wenn nun auf dem Lande die Kriminalität in den Krisenjahren eine starke Zunahme zeigt, so kann hier die Frage:

Tabelle XII. Zu- und Abwanderung in
(nach Neefe: Jahrbuch

	1891	1892	1893	1894	1895	1896
Berlin	+ 39562	+ 27036	+ 30355	+ 28060	+ 40554	+ 52037
Breslau	+ 5727	+ 5036	+ 6155	+ 6882	+ 6628	+ 8259
Halle	+ 7457	+ 2828	+ 1912	— 317	+ 4185	+ 4309
Dresden	+ 10003	+ 8136	—	—	+ 13220	+ 12051
Plauen	—	—	—	—	—	—
Liegnitz	—	—	—	+ 347	— 360	+ 98
Köln	+ 6083	+ 2379	+ 4186	+ 5745	—	—
Essen	+ 6981	— 1967	+ 1871	+ 2595	+ 4541	+ 5529
Barmen	+ 1142	+ 864	+ 2536	+ 1805	+ 1144	+ 3080
Dortmund	+ 3881	+ 1274	+ 1876	+ 3318	+ 4670	+ 7434
Duisburg	+ 3044	+ 1640	+ 1643	+ 948	+ 2075	+ 1840
Bochum	—	—	+ 1904	+ 1310	+ 1128	+ 2963
Mannheim	+ 6573	+ 127	+ 41	+ 849	—	—
Augsburg	+ 4308	+ 3256	+ 3949	+ 4964	+ 3915	+ 3190
Nürnberg	+ 4837	— 1635	— 379	+ 3956	+ 6133	+ 7387
Frankfurt a. M.	+ 2939	—	+ 1963	+ 8007	+ 8281	+ 4827
Hamburg	—	—	—	+ 13890	+ 18315	+ 24049

Zuzug in ein-

	1889	1890	1891	1892	1893
Berlin	195 743	196 786	192 550	177 744	180 118
Düsseldorf	23 345	27 133	25 249	26 601	27 358
Nürnberg	23 611	24 811	25 161	13 863	11 881
Chemnitz	34 730	—	25 693	25 262	27 074
Duisburg	9 798	10 300	10 892	9 405	9 160
Barmen	12 918	12 663	11 993	11 212	12 333
Essen	17 661	18 520	20 009	9 401	19 956
Dortmund	15 589	15 248	17 554	16 409	17 106
Mannheim	—	—	19 593	16 141	—
Frankfurt a. M.	—	—	51 634	—	54 175

hohe Preise oder Arbeitslosigkeit? eindeutig dahin entschieden werden, daß die durch ein Überangebot von Arbeitskräften hervorgerufene absolute oder relative Arbeitslosigkeit die Diebstahlsziffern erhöht hat.

deutschen Städten.

d. Städte.)

1900	1901	1902	1903	1907	1908	1909	1910
+ 59515	+ 29480	+ 38533	+ 66965	+ 46982	— 20834	— 13883	+ 269
+ 8673	+ 5160	+ 3820	+ 9647	+ 5563	+ 3881	+ 4097	+ 4891
+ 3065	+ 816	— 34	+ 4365	+ 3398	— 2912	— 588	—
+ 5197	+ 5643	+ 3184	+ 7158	+ 7864	+ 2980	+ 947	+ 17
+ 2667	+ 1989	+ 5447	— 3405	+ 2145	— 1947	+ 387	+ 3636
+ 378	+ 96	+ 671	+ 328	+ 1109	+ 283	+ 1095	+ 806
+ 595	+ 1142	+ 5671	+ 6512	+ 14717	+ 2603	+ 919	+ 1908
+ 2932	+ 2481	— 7010	+ 9468	+ 4116	+ 6187	+ 3890	+ 3035
+ 1303	+ 1276	+ 997	+ 283	— 520	— 1507	+ 1054	+ 515
—	+ 5029	—	+ 7936	+ 9388	+ 1644	— 2349	+ 558
+ 3931	— 2049	+ 810	+ 3542	+ 2079	— 1069	— 5259	+ 3025
+ 2247	+ 1933	+ 1041	+ 1745	+ 4974	+ 2018	— 379	+ 10845
+ 6245	+ 4319	— 2655	+ 10865	+ 8389	+ 2554	+ 7147	+ 10153
+ 5702	+ 8077	+ 3384	+ 3284	+ 4368	+ 3248	+ 3102	+ 5487
—	+ 2331	+ 6411	+ 16933	—	+ 81	+ 3098	+ 7484
+ 3131	+ 1927	+ 3665	+ 5089	+ 4820	+ 3943	+ 5246	+ 7816
+ 26753	+ 20413	+ 17229	+ 16580	+ 26787	+ 7154	+ 37645	+ 22623

zelnen Städten.

1900	1901	1902	1903	1907	1908	1909
250 881	232 271	238 602	254 070	273 688	244 060	251 983
44 321	40 631	45 376	43 049	50 933	46 645	51 417
28 109	18 410	26 095	31 769	—	29 758	30 936
37 422	32 212	36 439	39 243	48 331	43 410	45 081
23 933	17 151	17 767	19 772	51 793	44 726	40 005
18 040	16 778	18 289	20 027	20 058	19 138	21 182
35 466	37 717	28 003	33 748	58 204	50 898	44 820
—	29 904	—	37 217	49 135	44 217	38 804
24 758	28 696	25 969	27 323	33 396	30 527	27 976
77 992	74 910	75 191	77 059	73 860	69 852	71 235

Wirft die durch die Fernwirkung der Krisen hervorgerufene Arbeitslosigkeit auf dem Lande die hier herrschende Stabilität der kriminellen Verhältnisse über den Haufen, so kann nicht mehr bezweifelt werden, daß für die viel reizbarere Kriminalität

Tabelle XIII.

Wanderungsgewinn und -verlust auf 1000 der mittleren Bevölkerung.

	1890/1895	1895/1900	1900/1905
Ostpreußen	— 8,84	—14,65	— 8,81
Westpreußen	— 9,24	— 9,15	— 8,40
Berlin	1,99	14,24	7,14
Brandenburg	8,65	7,22	15,02
Pommern	— 7,04	— 6,85	— 7,51
Posen	—10,08	—13,77	— 9,55
Schlesien	— 3,58	— 3,23	— 2,35
Prov. Sachsen	— 5,24	— 4,66	— 3,32
Schleswig-Holst.	— 3,12	— 0,45	1,41
Hannover	— 0,49	— 1,56	— 1,63
Westfalen	2,79	12,09	3,07
Hessen-N.	— 0,85	1,25	3,26
Rheinland	0,73	6,69	3,99
Preußen	— 1,91	0,26	0,54
Bayern	— 1,90	— 0,51	— 2,19
Württemberg	— 4,94	— 4,09	— 1,33
Sachsen	0,90	4,48	— 0,50
Baden	— 1,67	3,31	1,12
Hessen	— 1,72	1,26	1,03
Mecklenburg	— 3,98	— 7,79	— 4,47
Braunschweig	1,30	— 0,86	— 3,39
Bremen	5,01	13,36	18,34
Hamburg	6,54	9,42	15,43
Elsaß-Lothr.	— 2,77	— 0,38	0,70
Reich	— 1,77	0,25	0,18

der Industriebevölkerung die Arbeitslosigkeit, die hier viel elementarer wirkt und meistens als absolute Arbeitslosigkeit auftritt, ebenfalls ein primärer Faktor ist. Die Getreidepreise sind ein primärer Faktor, ohne den das Steigen der Diebstahlsziffern in Zeiten blühender Konjunktur nicht zu erklären wäre. Was sich aber in den Riesenziffern der Jahre 1902 und 1908 ausdrückt, das ist die durch die industrielle Krisis hervorgerufene allgemeine Arbeitslosigkeit in Stadt und Land, deren schlimme

Tabelle XIV.

Männliche Bevölkerung in absoluten Zahlen.

	1885		1890		1895		1900	
	Stadt	Land	Stadt	Land	Stadt	Land	Stadt	Land
Ostpreußen	215989	721025	232734	703161	248770	716361	269955	691191
Westpreußen	192817	495249	205167	497355	219159	516341	239329	528574
Berlin	631878	—	759623	—	797306	—	903041	—
Brandenburg	436417	720082	485236	771476	543341	847536	683011	840364
Pommern	255923	481512	266216	475413	287583	482566	322965	476768
Posen	235673	589285	245107	594551	263216	617497	298174	603679
Schlesien	559639	1392746	602506	1397114	660525	1436562	744044	1482359
Prov. Sachsen	515017	687090	569865	703827	604645	721525	656817	731366
Schleswig-H.	214176	362276	243491	372985	266027	382572	305219	396358
Hannover	336963	747778	371487	765521	427359	787430	478426	818760
Westfalen	375170	746870	429542	810952	488735	891854	604866	1041130
Hessen-N.	287953	485640	314056	495185	346304	507766	408513	515146
Rheinland	916033	1258573	1058232	1299803	1189895	1363280	1370630	1528791
Preußen	5179545	9049815	5787027	8915124	6346563	9298876	7288969	9682456

Folgen vielleicht noch verschärft wurden durch die hohen Preise, bei niederen Preisen aber kaum weniger kraß gewesen wären, wie die Zahlen der Landwirtschaft, die ja nur unter der Wirkung der Arbeitslosigkeit stand, beweisen.

Schluß.

Wenn wir am Schlusse das Ergebnis zusammenfassen, so hat sich ein enger Zusammenhang erweisen lassen zwischen der Bewegung der Kriminalität und den Schwankungen der Arbeitslosigkeit, wie sie sich im Wechsel der Konjunktur ergeben, erschlossen aus den Ziffern der Bevölkerung nach ihrer personalen und lokalen Gliederung, eigenartig durchkreuzt von der Wirkung der Lebensmittelpreise, schließlich aber eindeutig erwiesen aus der Betrachtung der agrarischen Verhältnisse.

Das Normalniveau, auf dem sich diese Welle erhebt, d. h. die gute Konjunktur, ist nun aber selbst nicht ein Niveau der vollen Beschäftigung. S. und B. Webb sagen in ihrem Buch „Das

Problem der Armut": „Für den Arbeiter ist Arbeitslosigkeit nicht das Kennzeichen einer besonderen Periode oder Örtlichkeit, sondern die unvermeidliche Begleiterscheinung der Lohnarbeit unter der bestehenden Organisation der Industrie." Saisonarbeit, Umwälzungen der Produktion auf Grund neuer Erfindungen, Modewechsel, schlechte Geschäftsführung seitens des Unternehmers, alle diese Momente verursachen eine gewisse konstante Höhe des Niveaus der Arbeitslosigkeit, über dem sich dann erst unter dem Einfluß der wirtschaftlichen Schwankungen jenes andere Maß von Arbeitslosigkeit erhebt, das man gewöhnlich als Arbeitslosigkeit schlechthin ansieht. Und doch ist der Höhenunterschied zwischen jener permanenten und der periodischen Arbeitslosigkeit gar nicht so groß: Wenn jene einzige umfassende Arbeitslosenzählung in Deutschland angibt, daß in dem milden Winter 1895, einem Jahr aufsteigender Konjunktur, etwa $3^1/_2$ % der erwerbstätigen Bevölkerung arbeitslos waren, wenn nach Webb auch in den Jahren der Hochkonjunktur mehrere Millionen Arbeiter in England entlassen werden, wenn aber auf der anderen Seite auch in den schlimmsten Krisenzeiten nach englischen Berichten höchstens 6 bis 7 % aller Arbeiter dauernd ohne Beschäftigung sind, so kann es nur die äußere Erscheinung der Unvermitteltheit des Auftretens sein, was uns veranlaßt, in den periodischen Erscheinungen der Krisenjahre den Typus der Arbeitslosigkeit zu sehen.

Über die Beziehung dieser permanenten Arbeitslosigkeit zur Kriminalität kann auf Grund des heute vorliegenden Materiales nichts ausgesagt werden. Hier können erst jahrzehntelange Erhebungen über den Stand der Arbeitslosigkeit, vor allem auch in den guten Jahren, Einblick verschaffen. Erst dann aber wird die volle Bedeutung zu erkennen sein, den die Arbeitslosigkeit als Ganzes hat für die soziale Verursachung des Verbrechens.

Inhalt.

Kolibri 360 GmbH
Ferdinand-Jühlke-Straße 7
99095 Erfurt, Deutschland
produktsicherheit@kolibri360.de